职业院校电子商务专业精品系列课程

电子商务+

主　编　陈　洁
副主编　肖细根　崔晓慧　邓　荣
参　编　户沣楠　卢习良　王京文
孙　夏　成　龙

中国财富出版社有限公司

图书在版编目（CIP）数据

电子商务+／陈洁主编．—北京：中国财富出版社有限公司，2021.4
（职业院校电子商务专业精品系列课程）
ISBN 978－7－5047－7390－6

Ⅰ．①电…　Ⅱ．①陈…　Ⅲ．①电子商务—高等职业教育—教材　Ⅳ．①F713.36

中国版本图书馆CIP数据核字（2021）第052954号

策划编辑　李彩琴　　**责任编辑**　张红燕　杨白雪
责任印制　尚立业　　**责任校对**　孙丽丽　　**责任发行**　董　倩

出版发行	中国财富出版社有限公司		
社　址	北京市丰台区南四环西路188号5区20楼	**邮政编码**	100070
电　话	010－52227588转2098（发行部）		010－52227588转321（总编室）
	010－52227588转100（读者服务部）		010－52227588转305（质检部）
网　址	http：//www.cfpress.com.cn	**排　版**	宝蕾元
经　销	新华书店	**印　刷**	宝蕾元仁浩（天津）印刷有限公司
书　号	ISBN 978－7－5047－7390－6/F·3325		
开　本	787mm×1092mm　1/16	**版　次**	2021年8月第1版
印　张	10.25	**印　次**	2021年8月第1次印刷
字　数	189千字	**定　价**	45.00元

内容摘要

本教材以培养学生电子商务通识为目标，从电子商务在不同行业的应用入手，结合学生学习情况切入电子商务基础认识，从跨界融合的角度循序渐进地阐述电子商务发展现状及与不同行业的渗透融合状况。通过实际案例的学习和实训操作提升学生的综合实践能力，全书包括认识电子商务，电子商务模式，网络金融与电子商务，旅游、娱乐与电子商务，网络教育与电子商务，移动电商六个部分。

本教材依据翻转课堂教学组织形式编写内容，采用“项目引领、任务驱动”的编写模式，每个学习任务都安排了课前自学、课中讲解、课后拓展模块，帮助学生边学边练，更好地掌握电子商务操作技能，为日后从事电子商务工作打下坚实的基础。

前　言

根据中国互联网络信息中心（CNNIC）发布的第45次《中国互联网络发展状况统计报告》，截至2020年3月，我国网民规模突破9亿，互联网普及率达64.5%，庞大的网民群体构成了我国蓬勃发展的消费市场，也为数字经济的发展打下了坚实的用户基础。我国电商行业正处于高速发展期，各种电子商务人才稀缺，培养理实一体化的创新型应用人才迫在眉睫。

为了更好地满足电商行业对电子商务应用人才的需求，我们编写了此教材，旨在培养学生电子商务通识，提升学生电子商务应用操作能力，使学生具备扎实的电商基础知识以及电子商务行业应用通识技能。在编写过程中，我们还加入了课程思政模块，不仅能培养学生的电商思维与能力，还能陶冶学生的爱国之情，增强学生的民族自豪感、文化自信心。

该教材为了凸显学生在教学组织中的主体地位，采用“翻转课堂”的创新型教学组织形式，以“项目引领、任务驱动”的模式来编写，每个学习任务都包括课前自学、课中讲解、课后拓展，重在培养学生自主学习、独立思考的能力，提高学生电子商务实际应用能力以及创新能力。

本书共分为六个项目，分别是认识电子商务，电子商务模式，网络金融与电子商务，旅游、娱乐与电子商务，网络教育与电子商务，移动电商。每个项目引入真实的行业案例，让学生将“思、学、练”紧密结合，夯实电商理论基础知识，提升电商技能，让学生从多领域、多视角认知电子商务。

本书适用于中、高等职业教育院校所开设的电子商务专业、物流管理专业、国际贸易专业、国际商务专业及相关专业的教学，也可供对电子商务感兴趣的读者自学，还可作为相关培训班的教学用书。本书由江西财经职业学院主编，在编写的过程中，参考并汲取了一些专家和学者的成果，在此表示感谢！虽然编写团队对电子商务教育已有一定的积累，但难免存在一些疏漏之处，敬请专家和读者批评指正，以便在今后的修订中进一步完善。

编　者

2020 年 12 月

项目一　认识电子商务

项目导入

随着经济全球化、信息化的加强，电子商务以其便捷、高效、可靠的特点更好地满足着人们的经济、生活需求，也提高了整个国民经济的运行效率和效益。电子商务在改变着我们生活的同时，也改变着世界。要认识电子商务，首先需要了解电子商务的发展现状、就业前景，知道电子商务的基本概念，熟悉电子商务的法律法规。

学习目标

❖ 知识目标

1. 了解电子商务的发展现状和就业方向。
2. 掌握电子商务的定义。
3. 认识电子商务的本质和特点。
4. 了解电子商务的起源和发展。
5. 掌握电子商务法律法规。

❖ 技能目标

1. 能够根据电子商务发展现状，分析电子商务就业需求。
2. 掌握电子商务职业发展规划书的撰写。
3. 熟练应用电子商务法律法规。

❖ 思政目标

了解我国电子商务的发展，加深学生对所学专业的荣誉感与自豪感。

任务分解

本项目包含以下三个任务。

任务一　电子商务现状分析

任务二　电子商务概述

任务三　电子商务法律法规

本项目旨在通过电子商务现状分析、电子商务概述、电子商务法律法规来引导学生认识电子商务，了解电子商务的基本知识。

任务一　电子商务现状分析

2018 年我国电子商务交易额达 31.6 万亿元，比 2017 年增长 8.5%；2018 年全年电子商务服务营业收入规模为 3.52 万亿元，比 2017 年增长 20.3%。[①] 我国的电子商务发展水平居于世界领先地位。学生要认识电子商务现状，必须了解我国电子商务发展的现状，清楚当前电子商务的就业形势以及电子商务职业发展规划的写作技巧，提前做好就业准备。

课前自学

学生收集资料，并自学本任务课中学习的知识内容，结合自学结果，以小组形式进行如下问题讨论。

（1）我国电子商务在发展过程中呈现出哪些特点？

（2）你的就业目标是什么？自身具备哪些优势和不足？

课中讲解

案例导入

2019 年"双十一"交易额破去年纪录：淘宝"双十一"交易额超 2684 亿元

一年一度的"双十一"，已成为电商界的最大活动。有网友调侃，"双十一"已

① 资料来源：《中国互联网发展报告 2019》。

然过出了春节的感觉。那2019年“双十一”天猫交易总额会达到多少呢？截至2019年11月11日24时，2019年天猫“双十一”交易额最终定格在2684亿元，再次刷新“双十一”交易额纪录。2018年天猫“双十一”总交易额2135亿元，2019年比2018年多成交549亿元。

在2019年天猫“双十一”启动会上，天猫总裁、淘宝总裁蒋凡表示，在2019年11月11日当天，将有全世界20万个品牌的天猫官方旗舰店参与大促，预计2019年“双十一”将会有超过5亿的消费者参加天猫“双十一”活动。

2019年天猫“双十一”全球成交额破100亿元，仅用时96秒；“双十一”凌晨1点04分，天猫“双十一”成交额突破1000亿元。另外，天猫“双十一”物流订单量再创新纪录，开场仅10小时18分，天猫“双十一”物流订单量已突破8.12亿元，超过2017年“双十一”全天。2019年天猫“双十一”开场后8小时01分，发货量破1亿元，比2018年天猫“双十一”提前了59分钟。

天猫方面表示，2019年“双十一”是特别的一年，用户数得到了快速增长。2019年天猫“双十一”当天，淘宝App的DAU（Daily Active User，日活跃用户数）将超过5亿。而在2019年11月9日，淘宝App的DAU已超过2018年“双十一”。

（案例来源：太平洋电脑网，佚名，《2019年“双十一”交易额破去年纪录：淘宝“双十一”交易额超2684亿元》，https：//pcedu. pconline. com. cn/1299/12996390. html，有删减和改编）

案例思考

结合案例分析：我国电子商务快速发展的原因有哪些？

一、我国电子商务的发展现状

1. 概况

2019年9月8日，2019全球电子商务大会在厦门举行，会上发布了《中国电子商务发展报告2018—2019》。报告显示，我国电子商务自2016年开始，从超高速增长期进入相对稳定的发展期。2018年我国电子商务交易额达31.63万亿元，同比增长8.5%。其中，商品、服务类电子商务交易额为30.61万亿元，同比增长14.5%。2019年上半年，我国实物商品网上零售额同比增长仍高达21.6%，电子商务继续承担国民经济发展的强大原动力。同时，电子商务在壮大数字经济、共建“一带一路”、助力乡村振兴、带动创新创业等方面均发挥了积极作用。

截至2019年6月，我国网络购物用户规模达6.39亿人，较2018年年底增长2871万人，占网民整体数量的74.8%；手机网络购物用户规模达6.22亿人，较2018年年底增长2989万人，占手机网民数量的73.4%。① 网络购物市场保持较快发展，下沉市场、跨境电商、模式创新为网络购物市场提供了新的增长动能：在地域方面，以中小城市及农村地区为代表的下沉市场拓展了网络消费增长空间，电商平台加速渠道下沉；在业态方面，跨境电商零售进口额持续增长，利好政策进一步推动行业发展；在模式方面，直播带货、工厂电商、社区零售等新模式蓬勃发展，成为网络消费增长新亮点。且伴随着电商就业规模的日益壮大，也带动了更多人从事电子商务相关工作。

2. 我国电子商务发展呈现的特点

纵观我国电子商务的发展，其呈现出以下特点。

（1）交易额持续增长，成为国民经济重要增长点。

近年来我国电子商务行业交易规模持续扩大，稳居全球网络零售市场首位。据公开数据显示，2008年电子商务交易额仅3.14万亿元，2013年突破10万亿元，2018年突破30万亿元，达到31.63万亿元，同比增长8.5%。

（2）市场下沉，农村电子商务潜力释放。

近年来，天猫商城、京东商城、苏宁易购等各大第三方电商平台通过采取给予用户价格促销补贴、在城乡地区开设服务站下沉销售渠道、提升物流配送效率、拓展销售品类等方式，吸引越来越多的消费者进行网络购物。2015年中国农村电子商务交易额超过3500亿元，2017年突破万亿元，2018年农村电子商务交易额1.37万亿元，同比增长30.4%。农产品网络零售额达到2305亿元，同比增长33.8%。

（3）地域发展不平衡，市场潜力有望继续开发。

根据《中国电子商务发展报告2018—2019》，我国各省、市、自治区电子商务发展不均衡，呈现出了明显的梯队模式。广东、浙江、北京、上海、江苏是我国电子商务发展的先导省（市）；山东、福建、四川、安徽四省电子商务优势逐渐形成，属于我国电子商务发展的第二梯队；黑龙江、广西、新疆、甘肃四省（自治区）电

---

① 资料来源：第44次《中国互联网络发展状况统计报告》。

子商务仍有较大发展空间，是我国电子商务发展的潜力省（自治区）。其余省、市、自治区的电子商务发展水平处于中等位置，是我国电子商务发展的中坚力量。

（4）全球化趋势、消费升级推动中国跨境电子商务交易规模持续增长。

据艾瑞咨询最新数据显示，截至2020年下半年，中国跨境出口电子商务交易规模由2013年的7000亿元稳步增长，至2019年已达到44000亿元，2020年将突破50000亿元大关。我国跨境进出口零售电商市场规模持续增长，同时也带动了上下游产业的发展。电子商务法的颁布、跨境电商综合试验区的建立以及其他系列跨境电商政策的出台，都进一步规范了我国跨境电商市场，促进了我国跨境电商行业的健康发展。

（5）电商产业形成较为稳定的商业模式和产业格局。

我国电商产业历经市场需求探索、多次模式创新及激烈的竞争，现已形成较为稳定的商业模式及产业格局。艾媒咨询数据显示，2018年上半年天猫、京东占据了83.8%的B2C（Business to Consumer，企业对个人）网络零售平台市场份额，领先优势继续稳固；唯品会、苏宁易购分别以5.7%、3.7%的份额稳定在第二梯队。天猫、京东已确立了行业龙头地位。除天猫和京东外，市场份额在1%以上的电商企业有唯品会、苏宁易购、国美在线。

二、电子商务专业的就业情况

（一）就业方向

近年来，我国电子商务专业人才就业规模日益壮大，电子商务与实体经济融合发展加速，带动了更多人从事电子商务相关工作。据电子商务交易技术国家工程实验室、中央财经大学中国互联网经济研究院测算，2018年，中国电子商务从业人员达4700万人，同比增长10.6%。2019年我国电子商务行业从业人员达5125.65万人。电子商务专业的学生毕业后主要集中于以下几个就业方向。

1. 网站运营

包括网络编辑、网站策划、网络客户服务、网站数据监控和数据挖掘、网站客户关系管理等岗位。该就业方向对学生的软文编辑实力、内容策划能力、沟通交流能力和数据分析能力等有着较高要求。

2. 网络营销

大多选择从事网络营销方向的学生会选择从事搜索引擎优化（Search Engine

Optimization，SEO）、搜索引擎营销（Search Engine Marketing，SEM）、企业营销策划、网络广告投放、产品营销推广、国际贸易（网络方向）等岗位。

3. 网络销售

大多是指电话营销、产品营销顾问等岗位，该就业方向要求学生具备一定的市场营销能力、沟通交流能力。

4. 电子商务运营

电子商务运营是大部分电子商务专业学生选择的就业方向，包括的岗位有电子商务项目管理、互联网产品经理、第三方电子商务平台管理（如管理企业的阿里巴巴店铺、淘宝店铺、天猫店铺、京东店铺等）、电子商务活动的策划与运作等。该就业方向要求学生具备扎实的专业知识、学习能力强、综合能力突出。

（二）岗位认知

以陕西美农网络科技有限公司与电子商务专业有关的招聘为例，认识电子商务就业的有关岗位，如表1－1所示。

表1－1　陕西美农网络科技有限公司有关电子商务专业招聘

岗位名称	岗位职责	任职要求
淘宝美工	①负责公司官网、商铺整体风格装修及页面风格设计。 ②负责店铺运营日常图片处理，网站图片的维护和完善。 ③负责产品描述制作及不定期对网店版面调整、分类等。 ④负责公司网站平台设计和前台制作及改版等工作	①熟练使用Photoshop、CorelDRAW、Dreamweaver等作图软件。 ②有淘宝网店美工或者网页设计工作经验者优先。 ③能独立完成活动宣传页面的排版、网页设计等工作。 ④有较强的美术功底、创意构思能力、团队沟通理解能力。 ⑤对产品设计能有自己独特的认识和见解，能很好地完成产品图片的后期制作
社交电商运营	①负责社群电商平台（如拼多多、蜜芽、云集、环球捕手等平台店铺）的整体运营，制订并完成店铺年度、季度、月度营销方案，持续提升利润指标。 ②熟悉社群电商平台营销工具、推广方式，优化店铺及商品排名，提高店铺点击率浏览量和转化率。 ③负责策划店铺活动，跟踪平台内各种官方活动及商家联合活动，涉及具体运营活动方案的策划、制作和执行。	①学历及专业要求：专科以上学历，电子商务、市场营销等相关专业优先。 ②经验要求：有拼多多、蜜芽、云集、环球捕手等平台店铺运营经验。 ③技能要求：熟悉拼多多、蜜芽、云集、环球捕手、贝店、达令家等平台的运营模式，了解平台内部运营规则。

续　表

岗位名称	岗位职责	任职要求
社交电商运营	④负责制订店铺产品订货计划，关注产品销售情况，提前做补货计划，避免断货；关注持续低销售产品及时调整销售计划避免滞销、积压。 ⑤负责及时关注平台的规则变化，及时、准确地进行学习	④能力及素质要求：较强的逻辑思维能力、沟通协调能力、应变能力及执行力，较强的责任感、高度敬业等
淘宝/天猫运营	①负责协助店长对西域美农旗舰店整体运营和日常管理。 ②制定月度销量任务、月度店铺推广预算和服务水平提升目标。 ③执行相关网络营销方案，完成预期销售目标。 ④营销工具研究，提出应用方案，提高入店流量、增大点击率、浏览量和转化率。 ⑤热销类目及产品分析，为公司营销何种产品提供依据。 ⑥定期针对推广效果进行跟踪、评估，并提交推广效果的统计分析报表，及时提出营销改进措施，给出切实可行的改进方案。 ⑦每日监控营销数据、交易数据、商品管理、顾客管理。 ⑧优化产品关键词、库存和产品线，并根据实际情况对店铺经营方向进行微调	①市场营销、电子商务等相关专业大专及以上学历。 ②有网店运营相关工作经验，食品类目运营经验者优先。 ③熟悉各种宣传推广、熟悉电子产品网络营销特性者优先。 ④责任心强、认真负责、能吃苦耐劳、有团队协作精神
外贸业务员	①配合公司需要，及时做好公司推广资料、产品资料的整理及翻译工作。 ②负责国外市场的开发销售，根据客户需求制定报价并拿到订单；了解本行业产品的国内外市场信息。 ③及时发布和更新外贸平台产品信息，如阿里巴巴国际站；Google 搜索引擎；Facebook、Twitter、Linkedin、YouTube 等社交平台的推广工作。 ④接待来访国外客户，做好商务接待工作。 ⑤参加/布置国内外行业展会，海外客户拜访	①热爱外贸工作，熟悉整套外贸出口流程。 ②有强烈的责任心，耐心、细心，能独立完成工作。 ③具有良好的业务拓展能力、商务谈判技巧，公关意识强。 ④具有较强的事业心、创新意识、开拓能力及团队合作精神。 ⑤有较强的抗压能力

三、电子商务职业发展规划书的撰写

职业生涯规划是个人针对职业选择的主观因素、客观因素进行分析和测定，确定个人的奋斗目标，并努力实现这一目标的过程。掌握电子商务职业发展规划书的撰写，有助于学生清楚地了解自我，科学地规划个人职业生涯。

1. **职业发展规划书的写作原则**

职业发展规划书是个人进行职业规划的行动指南，对个人的职业发展具有重要指导意义。在撰写职业发展规划书的过程中要遵循以下原则。

（1）可行性原则。职业发展规划书的最终落脚点是要具有实践性，能够在其指导下明确个人发展方向，不断提升自我，获得长远的职业发展。只有在实际中具有可操作性的职业发展规划书才具有价值。

（2）客观性原则。撰写职业发展规划书要实事求是，不能脱离个人实际，夸大、虚构内容，尤其是自我分析，优势要分析得客观、真实、具体，不足要剖析得深刻。

（3）预见性原则。职业发展规划书中对未来一段时间，目标行业发展的趋势要有自己的理解和预判，并能提前做出适合的职业规划，发展措施。

（4）个性化原则。职业发展规划书一定是结合自身实际状况撰写的，每个人的优势、不足、成长环境、可支配资源也都不尽相同，在撰写职业发展规划书时要能透彻、全面地剖析自我，结合实际情况，这样写出的职业发展规划书才具有意义。

2. **电子商务职业发展规划书的结构及写作技巧**

一份完整的电子商务职业发展规划书，包括了自我评估、环境分析、职业定位、计划实施方案、评估调整这五部分。

（1）自我评估。自我评估是职业发展规划的基础，有效的职业发展规划一定是在准确、全面的自我综合分析上作出的，自我评估的内容包括兴趣、特长、性格、学识、技能、智商、情商、思维方式等。自我评估的常用方法有 360 度评估法、SWOT 分析法等。

（2）环境分析。环境分析包括家庭环境分析、学校环境分析、社会环境分析、行业环境分析、企业环境分析、岗位环境分析等。在撰写电子商务职业发展规划书时，重点是对目标工作领域、目标岗位所涉及的行业发展信息、未来发展前景、相关企业发展情况、岗位基本职责和职能要求等，通过非正式采访相关业内人员、从互联网上获取信息，并进行整理归纳，再形成自己对该领域的发展现状和未来趋势的理解。

（3）职业定位。职业定位就是在自我评估、环境分析的基础上，将自我商业价值的客观评估、目标行业趋势、就业机会等进行综合分析，逐步锁定出行业中的具体职位，提出自己的职业目标、职业发展路径。在职业决策的过程中，可通过三个问题帮助自己厘清思路，确定职业定位：我想要什么（考虑个人价值、社会价值）；我能够做什么（考虑兴趣、能力、性格等因素）；我可以做什么（从环境方面考虑）。

（4）计划实施方案。重点是根据职业定位找到合适的发展切入点，设定出具体的分目标，在分目标的指引下，制订出分阶段的计划实施方案。如某学生的职业定位是电商企业高管，那么，具体的实施方案如下所示。

① 2021—2025 年

成果目标：通过实践学习，探索适合中国当代国情的电商管理理论。

学历目标：硕士研究生毕业，取得硕士学位；获得中国电子商务师证书（高级），通过大学英语六级考试。

职务目标：电商运营专员。

能力目标：具备在电商领域从事具体电商运营工作的理论基础，通过实习具有一定的实践经验；具有一定的电商科研能力，发表论文 5 篇以上……

② 2025—2030 年

职务目标：电商运营主管。

（5）评估调整。任何一个产业的发展都面临着各种机遇和挑战，在做职业发展规划的时候要有对风险的预测评估，并提出调整策略。

课后拓展

扫描右侧二维码，观看视频“电子商务现状分析”，加强对电子商务行业现状的了解。

• 微信扫一扫
• 码上就能学

任务二　电子商务概述

随着网络技术的发展以及智能设备的更新换代，电子商务已成为人们生活中重要的一部分，娱乐、购物、出行、旅游、学习……都离不开电子商务。电子商务在以信息化带动工业化，转变经济增长方式、提高国民经济运行质量和效率、走新型工业化道路方面发挥着重要作用。通过该任务的学习，学生要了解电子商务的概念，在理解其本质及特征的基础上，熟知电子商务的起源与发展。

课前自学

自学该任务中的课中学习内容，思考下面的问题，然后在课堂教学中与同学、老师进行交流。

（1）生活中我们都接触了哪些电子商务活动？给我们的生活带来哪些改变？

（2）为什么我国的电子商务发展能够取得巨大的成就？

课中讲解

案例导入

京东的演变史

2001年，刘强东在中关村开设了京东第一家零售店，取名“京东多媒体”，主要出售声卡、键盘、鼠标等电脑配套产品。

2003年，受非典疫情影响刘强东将业务转移至线上，希望通过网络处理掉京东的库存。但在疫情好转后，来自网上的订单越来越多，很快超过线下连锁店的业务量，且增长速度不断加快。

2004年，“京东多媒体网”电子商务网站上线，京东的业务重心开始向电子商务转变。

2005年，由于资源有限，且网上销售可有效降低门店、销售人员等方面的成本，刘强东作出决定：放弃连锁，专攻网上零售。

2007年京东多媒体网正式更名为“京东商城”，京东正式启动全新域名www.360buy.com，以全新的面貌出现在国内B2C市场。

在2008年年初，京东商城涉足平板电视的销售行列，并于同年6月将空调、冰箱、电视等大家电产品线逐一扩充完毕，京东在成立十周年之际完成了3C产品的全线搭建，成为名副其实的3C网购平台。这年，京东商城的销售额达到13亿元，首次超越当当、卓越亚马逊成为中国最大的自主式B2C网站。京东开始从一个IT（Internet Technology，互联网技术）电商向全能百货商城转变。

2010年11月，图书产品上架销售，京东实现了从3C网络零售商向综合型网络零售商转型。

2011年2月，京东商城上线包裹跟踪（GIS）系统，方便用户实时了解自己的网购物品配送进度。同年7月，京东商城与九州通医药集团股份有限公司联合宣布，京东商城注资九州通医药集团股份有限公司旗下的北京好药师大药房连锁有限公司，正式进军B2C在线医药市场，为消费者提供医药保健品网购服务。同年11月，京东商城集团旗下奢侈品购物网站：360Top正式推出，京东高调进入奢侈品领域。

2013年3月30日，京东商城启用JD. COM域名，并将360buy的域名切换至JD。此外，“京东商城”这一官方名称被缩减为“京东”。如今，京东已发展成为覆盖3C、家电、服饰、母婴、化妆品、生鲜等领域的综合性电商企业，并且在家电网购市场占据遥遥领先的优势。

2019年11月1日0时起至11月11日23时59分59秒，“11·11京东全球好物节”累计下单金额超2044亿元，较2018年11月11日实现大幅超越。这是继2019年年中“6·18”十六周年庆累计下单金额创下2015亿元之后，京东在年末“双十一”打造的又一实力新主场。

（案例来源：360百科，京东商城，https：//baike. so. com/doc/455714 - 482557. html，整理、有删减）

案例思考

结合材料，分析京东商城的发展历程。

一、电子商务的概念

1. 定义

电子商务（Electronic Commerce）是指利用计算机技术、网络技术和远程通信技术，实现整个商务（买卖）过程中的电子化、数字化和网络化。①

随着互联网技术的迅速发展以及经济全球化、贸易自由化的推进，作为信息时代的产物，电子商务正在使企业的经营方式、个人消费方式、政府运作方式逐渐改变。如今电子商务活动在日常生活中随处可见，如网络购物、网上银行、在线旅游、网上点餐、网上订票、网上打车等，电子商务改变了人们的生活方式，改变着我们的世界。

① 资料来源：智库百科。

2. 本质

电子商务是现代信息技术和商务的集合，商务是核心，电子（技术）是工具。电子商务本质上是创造性地运用电子化技术建立一种新的商业关系。为什么说电子商务的本质是商务，而不是技术呢？电子商务的终极是商务，最终落脚点也是商务，电子技术是其实现商务活动的方式。在先进的电子信息技术支撑下，人们通过电子商务完成了一系列的商务活动，极大地节约了社会劳动、时间成本、经济资源，促进了社会分工和新产业的诞生，方便了人们的衣、食、住、行、娱乐、旅游、学习、工作等。

二、电子商务的特征

1. 商务性

电子商务最基本的特性是商务性，通过提供买卖交易的服务、手段和机会，大大弱化商业活动的时空限制，迅速扩大市场，建立更加广阔的商业活动场景。电子商务对任何规模的企业而言，都是一种机遇，既可扩展市场、增加客户数量，又可通过将互联网信息连至数据库，记录下每次访问、销售、购买形式；购货动态以及客户偏好，经过数据统计获知客户的个性化需求，实现商务活动的大众化与个性化的结合。

2. 便捷性

时间、空间限制是构成企业经营成本的重要因素，电子商务开拓出一种新的企业经营模式，突破了商业活动的时空限制。对企业来说，极大地降低了企业经营的成本。对个人来说，人们足不出户就可以实现交易、款项支付，同城交易、跨国交易等都变得更加丰富、快速、便利。

3. 系统性

电子商务造就了一个虚拟的市场交换场所，在这个交换场所运作过程中，它需要在 Internet 信息系统的基础上，由参与交易主体的信息化企业、信息化组织和使用 Internet 的消费者主体提供实物配送服务的企业和支付服务的机构，以及提供电子商务服务的服务商共同协作来完成，形成一个完整有序的物物互联的生态系统。在这个系统中，各个组成部分有机合作、有序运转，保障了商务活动的正常展开。

4. 安全性

在电子商务环境中，安全性是一个至关重要的核心问题，它要求网络提供安全的解决方案，如加密机制、签名机制、安全管理、存取控制、防火墙、防病毒保护等，这与传统的商务活动有着很大的不同。随着电子信息技术的发展，电子商务的安全性也在不断升级，这也有效地缓解了消费者、企业对电子商务安全性问题的担忧，推动着电子商务的发展。

5. **协调性**

商务活动是相互协调的过程，它需要雇员和客户，生产方、供货方以及商务伙伴间的协调。电子商务作为一种新的商务活动模式，它对银行、配送中心、通信部门、技术服务等多个部门的通力协作有着更高的要求。

6. **集成性**

互联网的真实商业价值在于协调新老技术，使用户能更加行之有效地利用已有的资源和技术，更加有效地完成商业活动。电子商务的集成性，在于事务处理的整体性和统一性，它能规范事务处理的工作流程，将人工操作和电子信息处理集成为一个不可分割的整体，提高人力、物力的利用率，同时提高系统运行的严密性。

三、电子商务的起源与发展

1. **电子商务的起源**

在发明了电报和电话后，人们开始用电话和电报收发贸易信息；传递贸易凭证、文件、合同。这应该是电子商务活动的开端，但当时没人认为这是电子商务，因为它没有成为商务活动的主流，也不具备条件与环境。到20世纪60年代，EDI（Electronic Data Interchange，电子数据交换）应运而生。EDI是将业务文件按一个公认的标准从一台计算机传输到另一台计算机的电子传输方法，该方法极大地方便了贸易伙伴间的数据传输与处理。但EDI形式的电子商务由于技术复杂、成本太高，无法进行大规模的商业应用。因此，真正意义上的电子商务是从Internet的强劲发展和网络应用在全球范围内的普及开始的。

2. **电子商务产生与发展的条件**

从具备电子商务雏形的EDI形式的电子商务出现，到基于国际互联网的电子商务，其产生和发展的重要条件如下。

（1）计算机的广泛应用，为电子商务的应用提供了基础。

（2）网络的普及和成熟，为全球通信与电商交易的发展提供便利，产生了庞大的用户群体，奠定了电子商务发展的基础。

（3）信用卡的普及应用，形成了完善的全球性信用卡计算机网络支付与结算系统，为电子商务中的网上支付提供重要手段。

（4）电子安全交易协议的制定［1997 年 5 月 31 日，由美国 VISA（维萨）和 MasterCard（万事达卡）国际组织等联合制定］，为电子商务提供了一个关键的安全环境。

（5）政府的支持与推动，使电子商务受到世界各国重视，这为电子商务的发展提供了有力的支持。

3. 我国电子商务的发展历程

（1）起步阶段（1993—1998 年）。

1993 年成立了以时任国务院副总理邹家华为主席的国家经济信息化联席会议办公室，相继组织了金关、金卡、金税等“三金工程”，取得了重大进展。1996 年，全桥网与因特网正式开通。1997 年，信息办组织有关部门起草编制中国信息化规划；同年中国第一家垂直互联网公司——浙江网盛科技股份有限公司（现浙江网盛生意宝股份有限公司）诞生。1997 年 4 月，中国商品订货系统（CGOS）开始运行。1998 年 3 月，中国第一笔互联网网上交易成功。

（2）初步发展期（1999—2002 年）。

1999 年是中国电子商务发展至关重要的一年，几乎可称为中国电商元年。1999 年 5 月，“中国电子商务第一人”王峻涛创立 8848 涉水电子商务，标志着国内第一家 B2C 电子商务网站诞生；1999 年 8 月，邵亦波创办国内首家 C2C（Consumer to Consumer，个人对个人）电子商务平台——易趣网；1999 年 9 月，马云在杭州创建阿里巴巴；1999 年 11 月，李国庆成立当当网。在这一年网上购物进入实际应用阶段，而且同年兴起政府上网、企业上网、电子政务、网上纳税、网上教育、远程诊断等，广义电子商务开始启动，并且进入实际试用阶段。但这个阶段网民的网络生活方式还仅仅停留于电子邮件和新闻浏览的阶段，网民基础薄弱，市场未成熟，发展电子商务难度较大。

（3）高速增长期（2003—2007 年）。

这一阶段，当当、卓越、阿里巴巴、慧聪、全球采购、淘宝，这几个响当当的名字成了互联网江湖里的热点。这些生在网络、长在网络的企业，在短短数年内崛起，和网游企业、服务提供商等一起影响了整个通信和网络世界。这个阶段的电子商务最大的变化：大批网民逐步接受了网络购物的生活方式，且规模还在高速扩张；

众多的中小型企业从 B2B（Business to Business，企业对企业）电子商务中获得了订单，获得了销售机会，“网商”的概念深入商家之心；电子商务基础环境不断成熟，物流、支付、诚信瓶颈得到基本解决，在 B2B、B2C、C2C 领域里，有不少的网络商家迅速成长，积累了大量的电子商务运营管理经验和资金。值得注意的是，这一阶段阿里巴巴推出支付宝，致力于为网络交易用户提供基于第三方担保的在线支付服务，中国信息化领域的第一部法律《中华人民共和国电子签名法》于 2005 年 4 月 1 日正式实施，2005 年 10 月 26 日中国人民银行发布了《电子支付指引（第一号)》(中国人民银行公告〔2005〕第 23 号)，全面针对电子支付中的规范、安全、技术措施、责任等进行规定。

（4）纵深发展期（2008 年至今）。

这个阶段最明显的特征是，电子商务已经不仅仅是互联网企业的天下。数不清的传统企业和资金流入电子商务领域，使得电子商务行业异彩纷呈。2008 年以淘宝商城与唯品会的成立为标志，电子商务正式跨入 2. 0 时代——B2C 时代，电商运营趋向规范化和体系化。从 2014 年开始，由于平台流量增长缓慢、头部与腰部商家集中等原因，天猫开始提出“内容营销”的口号，并结合视频直播、VR 技术、网红号等多种形式，为电商卖家打开新的营销思路，以便在流量稳定的情况下，提高商家的成交转化率。

课后拓展

自测共 5 题，学生通过自测了解自己对于知识的掌握情况并进行巩固。

1. 电子商务的本质是（　　）。答案：B

A. 电子　　B. 商务　　C. 社会再生产　　D. 社会活动

2. 20 世纪 60 年代末，被称为“无纸贸易”的电子工具是（　　）。答案：A

A. EDI　　B. Internet　　C. 电报　　D. 电话

3. 下列哪一点不是电子商务的特点？（　　）答案：D

A. 便捷性　　B. 系统性　　C. 电子性　　D. 集成性

4. 被称为中国电子商务第一人的是（　　）。答案：C

A. 马化腾　　B. 马云　　C. 王峻涛　　D. 邵亦波

5. 中国信息化领域的第一部法律是（　　）。答案：B

A.《中华人民共和国电子商务法》　B.《中华人民共和国电子签名法》

C.《电子支付指引（第一号）》　　D.《非金融机构支付服务管理办法》

任务三　电子商务法律法规

电子商务颠覆了传统的商业模式，不断打破着人们对商务活动的认知。电子商务作为一种新兴事物，在发展演变过程中，电子商务平台上假货泛滥、运营不规范、监管不严格等现象频有发生。《中华人民共和国电子商务法》的颁布实施，让电子商务从业者从此有法可依，对于构建公平、公正、公开的电子商务环境具有里程碑式的意义。

课前自学

扫描右侧二维码，阅读《中华人民共和国电子商务法》，重点了解电子商务法的制定目的、适用范围、电子商务经营者的义务、消费者权益保护与纠纷处理以及法律责任等内容。

课中讲解

案例导入

电子商务法正式实施　个人海外代购们何去何从?

2019 年 1 月 1 日《中华人民共和国电子商务法》（以下简称电子商务法）正式实施，以往靠“人肉”通关带货的微商们，都将成为电子商务经营者中的一员，需要办理市场主体登记，履行纳税义务。代购们将何去何从?

代购被戴“紧箍咒”

“伴随 2019 年电子商务法的实施，所有商品大促清仓，很多商品满减后都在亏本售卖，宝宝们请抓紧最后囤货机会”“2019 年电子商务法正式实施后大部分产品售价都会提升，所以要囤货的宝宝要抓住机会”，2018 年年底，不少代购店都做起了清仓甩卖，网友们也纷纷囤货，因为从 2019 年起，代购生意恐怕没有以前那么好做了。

电子商务法明确了电子商务经营者的定义，并规定电子商务经营者应当依法办理市场主体登记，依法履行纳税义务。这意味着，此前处于法律盲区的个人海外代购将受到约束，纳入监管范畴。无论是在微信朋友圈里卖货，还是在直播平台带货，抑或是在淘宝开代购店，都是电子商务经营者。根据电商法，经营者一旦违规，最高罚款达200万元。

代购商品质量将更有保障

业内数据显示，近几年我国微商行业人员数量迅猛增长，2014—2017年，我国微商从业人数从752万人增至2018万人。代购行业日渐壮大，也滋生了许多问题：偷税漏税、假货泛滥、个人信息泄露、售后推卸责任……微商爆发式“野蛮生长”，消费纠纷层出不穷，消费者在交易中一直处于弱势一方。

电子商务法为代购乱象开出了“良方”。今后，代购必须持有采购国和中国双方的营业执照，依法履行纳税义务。此外，销售食品的还需办理相关食品流通许可；没有中文标签的产品，未通过国家认证，也不能在网络平台销售。

电子商务研究中心特约研究员、北京市亿达（上海）律师事务所律师董毅智认为，从长远发展来看，法律的出台将使现阶段处于监管盲区的海外代购有章可循，代购的违法成本将会增加。对于消费者而言，商品价格可能会上涨，但利大于弊，这样不仅商品质量可以得到保证，在售后维权等环节，消费者的权益也能得到保护。在他看来，海外代购市场不仅不会没落，相反会在法律的框架内良性有序地发展。

（案例来源：中国青年网，马婧，《电子商务法正式实施　个人海外代购们何去何从?》，http：//economy. youth. cn/dtxw/201903/t20190327_11908422. htm，有删减）

案例思考

结合案例分析电子商务法出台的意义。

一、电子商务法概述

1. 概述

2018年8月31日，第十三届全国人民代表大会常务委员会第五次会议表决通过了《中华人民共和国电子商务法》（以下简称电子商务法），并于2019年1月1

日起正式实施。这是我国电商领域的首部综合性法律，以对电子商务经营者尤其是电子商务平台经营者的规制为核心，并由其来联结政府、平台内经营者、消费者、物流经营者等各主体，共同建立了电子商务世界的规则体系。①

电子商务法全文共七章（八十九条），第一章为总则（第一条至第八条），涉及法律的制定目的、使用范围、基本原则等内容；第二章为电子商务经营者（第九条至第四十六条），涉及电子商务经营者和电子商务平台经营者的责任义务规定等内容；第三章为电子商务合同的订立与履行（第四十七条至第五十七条），涉及订立和履行合同的法律衔接适用、支付、交付等内容；第四章为电子商务争议解决（第五十八条至第六十三条），涉及消费者权益保护、争议处理等内容；第五章为电子商务促进（第六十四条至第七十三条），涉及国家及相关部门对电子商务发展的支持和促进的内容；第六章为法律责任（第七十四条至第八十八条），涉及电子商务经营者在不履行或未按照规定履行义务时应当承担的责任等；第七章为附则（第八十九条），涉及法律施行时间。

2. 电子商务法实施的意义

电子商务法作为电子商务领域的首部法律，对促进行业健康发展意义重大。一是使电子商务行业的发展有法可依。在电子商务法颁布之前，我国有关电子商务的规则均分散于诸多法律法规中，实践过程中存在一定困难，成为电子商务发展创新的一大障碍。电子商务法的颁布，统一了以保障权益、规范秩序、促进发展为核心的电子商务基本规则体系。二是使电子商务行业与实体经济的关系进一步在法律层面得到了明确，促进线上线下产业融合，公平竞争。三是对当前电子商务行业发展中存在的一些问题在法律层面给予了明确规定。四是明确规范各方主体的权益保护，建立了明确的市场规范秩序以及规定了促进支持电子商务发展的政策措施，为我国电子商务的进一步健康发展奠定了良好基础。五是开创了我国电子商务立法的先河，对世界范围内的电子商务立法具有示范意义。

二、电子商务法解读

1. 适用范围

电子商务法第二条规定，中华人民共和国境内的电子商务活动，适用本法。

---

① 资料来源：光明日报，《为电子商务持续健康发展提供法律保障》，彭诚信。

本法所称电子商务，是指通过互联网等信息网络销售商品或者提供服务的经营活动。

法律、行政法规对销售商品或者提供服务有规定的，适用其规定。金融类产品和服务，利用信息网络提供新闻信息、音视频节目、出版以及文化产品等内容方面的服务，不适用本法。

【解读】上述法条明确了电子商务法的调整范围。①调整的是销售商品或提供服务的经营活动，既包括商品或服务本身的交易活动，也包括为商品或服务交易提供平台服务、支付服务、物流服务、推广服务等经营活动。②调整的是通过互联网等信息网络进行的经营活动，包括了微商、代购等经营性活动。③规定了适用的空间范围。除了双方都在我国境内的电子商务活动适用该法，消费者通过境内电子商务平台等经营者从境外购买商品的，除了适用进出口商品监管规定外，境内平台经营者的责任，一般也适用电子商务法的规定。

2. 电子商务经营者的登记问题

电子商务法第十条规定，电子商务经营者应当依法办理市场主体登记。但是，个人销售自产农副产品、家庭手工业产品，个人利用自己的技能从事依法无须取得许可的便民劳务活动和零星小额交易活动，以及依照法律、行政法规不需要进行登记的除外。

电子商务法第十二条规定，电子商务经营者从事经营活动，依法需要取得相关行政许可的，应当依法取得行政许可。

【解读】上述法条明确了电子商务经营者应履行依法办理市场主体登记和依法取得相关行政许可的义务。在这之前我国的许多电子商务经营者并未履行相关的工商登记和行政许可手续，该法对此作出明确规定，并考虑到我国国情和电子商务发展实际作出免予登记的规定。电子商务经营者违反规定，由市场监管部门责令限期改正，可以处 1 万元以下的罚款。电子商务平台经营者对违反规定的平台内经营者未采取必要措施的，由市场监管部门责令期限改正，可以处 2 万元以上 10 万元以下的罚款。[①]

3. 依法履行纳税义务与办理纳税登记

电子商务法第十一条规定，电子商务经营者应当依法履行纳税义务，并依法享

① 资料来源：《中华人民共和国电子商务法》第七十六条规定。

受税收优惠。

依照前条规定不需要办理市场主体登记的电子商务经营者在首次纳税义务发生后，应当依照税收征收管理法律、行政法规的规定申请办理税务登记，并如实申报纳税。

【解读】确认了电子商务经营者的纳税义务以及不办理市场主体登记的电子商务经营者的纳税问题，体现了线上线下平等、一致的纳税义务。电子商务平台经营者有义务配合税收工作，提供平台内经营者经营方面的真实完整信息，以确定相应税收基础数据。

4. 平台经营者对平台内经营者的身份和信息管理

电子商务法第二十七条规定，电子商务平台经营者应当要求申请进入平台销售商品或者提供服务的经营者提交其身份、地址、联系方式、行政许可等真实信息，进行核验、登记，建立登记档案，并定期核验更新。

电子商务平台经营者为进入平台销售商品或者提供服务的非经营用户提供服务，应当遵守本节有关规定。

【解读】明确了平台内经营者的身份信息管理，平台经营者对进入平台进行经营活动的平台内经营者及其他主体有身份信息的收集、登记、核验等义务，这有效地保护了交易相对人。如果平台不能提供平台内经营者的真实有效信息，将承担相应的责任。

5. 电子商务经营者的法律责任

电子商务法在第六章法律责任中详细规定了电商经营者应承担的法律责任。

（1）民事责任。如第七十四条规定，电子商务经营者销售商品或者提供服务，不履行合同义务或者履行合同义务不符合约定，或者造成他人损害的，依法承担民事责任。

（2）行政责任。如第七十六条规定，电子商务经营者未在首页显著位置公示营业执照信息、行政许可信息、属于不需要办理市场主体登记情形等信息，或者上述信息的链接标识的，由市场监督管理部门责令限期改正，可以处 1 万元以下的罚款；电子商务平台经营者对违反规定的平台内经营者未采取必要措施的，由市场监督管理部门责令限期改正，可以处 2 万元以上 10 万元以下的罚款。

（3）其他法律责任。如第八十五条规定，电子商务经营者违反本法规定，销售的商品或者提供的服务不符合保障人身、财产安全的要求，实施虚假或者引人误解的商业宣传等不正当竞争行为，滥用市场支配地位，或者实施侵犯知识产权、侵害消费者权益等行为的，依照有关法律的规定处罚。

课后拓展

扫描右侧二维码，阅读《为电子商务持续健康发展提供法律保障》，观看“电子商务法律法规”，加深对电子商务法的理解。

项目小结

本项目围绕认识电子商务这一主题展开，从电子商务现状分析、电子商务概述、电子商务法律法规来了解电子商务的基本概念、发展现状、就业情况、法律规范等相关内容。通过本项目学习，让学生对电子商务有一个总体的认识与了解。

课程思政

由本项目的内容可知，电子商务作为一种新的商业模式，依靠国际互联网、企业内部网络等计算机网络技术，通过信息的传输交流、物流配送系统、资金结算系统实现金融电子化、管理自动化、商业信息网络化，成为国民经济和社会信息化的重要组成部分。

中国作为电子商务发展大国，市场规模、发展水平均居于世界领先地位，涌现出淘宝、京东、苏宁易购、饿了么、当当网等一大批知名电子商务企业。繁荣发展的电子商务产业需要更多有知识、有能力、懂技术的电子商务专业人才。作为新时代的电子商务专业学生，在了解电子商务基本概念的基础上，对电子商务的发展模式、应用等都要保持开放探索的心态，不断拓展自己对电子商务的理解与认识。

项目二　电子商务模式

项目导入

电子商务模式是指在网络环境中基于一定技术基础的商务运作方式和盈利模式。在我们的生活中，可以通过淘宝、天猫、京东、唯品会、饿了么、美团外卖等应用进行一系列的电子商务活动，其交易模式是什么呢？本项目从 B2C、B2B、C2C 三种主流电商模式来介绍电子商务模式的相关知识，为后续电子商务课程的学习奠定良好的知识基础。

学习目标

❖ 知识目标

1. 了解 B2C、B2B、C2C 三种电子商务模式的定义和特征。
2. 学习并了解 B2C、B2B、C2C 三种电子商务模式的优势与不足。
3. 了解 B2C、B2B、C2C 三种模式的典型网站。
4. 了解其他电子商务模式。

❖ 技能目标

1. 掌握 B2C、B2B、C2C 三种电子商务模式网店开设的流程。
2. 熟练掌握 B2C、B2B、C2C 三种电子商务模式网店运营的流程。

❖ 思政目标

认识我国在电子商务模式方面的创新性。

任务分解

本项目包含以下三个任务。

任务一　B2C 电子商务

任务二　B2B 电子商务

任务三　C2C 电子商务

本项目重点介绍 B2C、B2B、C2C 三种主流的电子商务模式，通过对其概念、特点、优势与不足的分析、网店开设流程以及运营流程的介绍，引导学生了解电子商务模式，掌握电子商务模式的基本知识。

任务一　B2C 电子商务

根据 Analysys 易观发布的《中国网络零售 B2C 市场季度监测报告 2019 年第 1 季度》数据显示，2019 年第 1 季度，中国网络零售 B2C 市场交易规模为 11789.3 亿元人民币，同比增长 23.7%。[①] 那么什么是 B2C 电子商务？该任务将围绕这一主题介绍 B2C 电子商务的概念、特征、优势与劣势以及开店流程、运营流程。

课前自学

学生自学本任务课中的知识内容，并收集资料，比较天猫、京东、唯品会这三个典型的 B2C 电商网站（可从平台定位、主营业务、运营模式、客户群体等角度进行分析）。

课中讲解

案例导入

天猫（英文：Tmall，亦称淘宝商城、天猫商城），是中国最大的 B2C 购物网站，由淘宝网分离而成，多为知名品牌的直营旗舰店和授权专卖店组成，现为阿里巴巴集团的子公司之一。天猫同时支持淘宝的各项服务，如支付宝、集分宝支付，

① 资料来源：易观分析，https：//www.analysys.cn/article/detail/20019323。

等等。

2008年4月，淘宝商城上线，成为了淘宝网的一个独立业务单元，延续阿里巴巴集团搭建平台的理念，为企业级商家构建电子商务基础设施。李宁2008年入驻淘宝商城，短时间内李宁官方旗舰店便成为淘宝商城的销售冠军。2009年4月，日本优衣库进驻淘宝商城，同年11月优衣库官方旗舰店月销售额突破1000万元，在淘宝商城打开了中国市场。淘宝商城高效低成本、直达消费者的模式开始为传统品牌所认可，越来越多的传统品牌开始入驻淘宝商城，进行电商业务尝试。

2011年上半年，淘宝商城已成为国内最大的B2C平台，占据国内超过50%的B2C市场份额。为了朝更专业的方向发展，阿里巴巴集团决定将淘宝网一拆为三：淘宝网（C2C）、淘宝商城（B2C）、一淘网（购物搜索），淘宝商城正式以独立公司身份开始运营。2011年9月19日，淘宝商城发布开放B2C战略，明确目标是构建一个包括品牌商、供货商、零售商及物流商在内的各类第三方服务提供商进行分工协作、共同为消费者提供优质商品和服务的B2C生态体系。

2012年1月11日，淘宝商城在北京举行战略发布会，宣布“淘宝商城”正式更名为“天猫”。截至2012年10月30日，已有87家独立B2C网站入驻天猫，其中包括中国图书零售第一的B2C网站——当当网。2014年2月19日，阿里集团宣布天猫国际正式上线，其可以为国内消费者直供海外原装进口商品。截至2019年，天猫已经拥有4亿多名买家，5万多家商户，7万多个品牌，主营的商品囊括服饰、美妆、数码家电、生鲜水果、鲜花、家居建材、图书音像等。

天猫比普通店铺更有吸引力的是其为买家提供的服务，它不光是大卖家和大品牌的集合，同时也提供比普通店铺更加周到的服务。第一，七天无理由退换货。天猫卖家接受买家七天内无理由退换货，买家无须担心买到的商品不合适，或者买到的商品和网上描述相差太大。第二，正品保障。天猫卖家所卖物品均为正品行货，接受买家的监督和淘宝的监督。第三，标准物流。快递企业为天猫提供专属定制的多类标准化及增值服务，B2C标准化的限时送达服务成为合作的首推项目。

2018年11月12日0点整，天猫2018年“双十一”总交易额定格在2135亿元，当日物流订单量超过10亿。2019年11月11日0时1分36秒，天猫“双十一”全球狂欢节成交额超过100亿元。2019年11月11日1小时3分59秒，天猫“双十一”成交总额冲破1000亿元大关，比2018年快了43分钟25秒，比2017年快了将近8小时。2019年11月11日16小时31分12秒，天猫“双十一”成交额超过人民币 2135 亿元，超过 2018 年“双十一”全天交易额。截至 2019 年 11 月 11 日 23 时 59 分 59 秒，成交额达 2684 亿元。

（案例来源：360 百科，天猫，https：//baike. so. com/doc/62172 －65513. html，整理）

案例思考

结合案例分析：案例中体现了 B2C 电子商务的哪些主体?

一、B2C 电子商务模式概述

1. B2C 电子商务模式的概念

B2C 电子商务模式是企业对消费者（个人）的电子商务交易模式。一般以网络零售业为主，企业、商家充分利用电子商城提供的网络基础设施、支付平台、安全平台、管理平台等共享资源，有效地、低成本地开展在线销售活动。除此之外还包括网络拍卖、网络订阅、网上市场调查、网上服务等。典型的 B2C 电子商务网站有当当网、京东商城、天猫商城、唯品会等。

B2C 电子商务的主体分为经营者、消费者、平台提供者，三者相互配合、相互依赖，共同完成电子商务活动。经营者是指企业、个体经营者或各级分销商以及开设网店的经营者，他们构成了 B2C 电子商务中的卖方主体；消费者是买方主体，在网上购买产品与服务；平台提供者包括网店平台和第三方支付平台，衔接了买方与卖方，使得产品与服务流向消费者，确保了电子商务的顺利进行。

2. B2C 电子商务模式的特点

（1）生活化。B2C 电子商务实现了传统购物方式的重大飞跃，由于购物的日常性和网络的高普及性，B2C 的电子商务模式已深入人心，只要生活中有消费需求，大多都可以在网上实现。

（2）透明化。在传统的线下购物中，交易双方信息不对称，消费者很难及时获知产品信息。但在 B2C 电子商务平台中，消费者可以轻松地货比三家，将商品的状况、价格等进行比较，买到性价比更高的商品。

（3）个性化与统一化趋势并存。从消费者个体来说，每个消费者的需求是不同的，具有个性化特点，但个性是有限的，基本需求是相对固定的，且受限于成本因素、网络信息的透明度，B2C 电子商务平台中商家满足消费者需求的统一化趋势不可避免。

3. B2C 电子商务模式的优势与不足

（1）B2C 电子商务模式具有以下一些优势。

第一，企业与消费者直接对接，有效降低传统行业交易中的中间环节，实现商品交易的电子化、信息化、数据化，降低交易的中间成本，节省交易费用。

第二，企业通过平台进行全面的商品宣传与推广，有利于企业品牌宣传，且企业与消费者直接对接，有利于优化用户体验，提升企业服务质量，树立良好的企业形象。

第三，企业通过平台对接世界各地的消费者，销售方向不再局限于某些区域，扩大了消费市场。

第四，通过网络交易平台，企业与消费者直接沟通，方便快捷，服务优势增加，商品质量更有保障，有利于满足消费者的个性化服务需求。

（2）B2C 电子商务模式的不足主要体现为以下几点。

B2C 电子商务网站的客户服务缺乏互动性与个性化。大多数 B2C 电子商务网站的平台内容、服务、功能类似，缺少新意和个性化，服务质量趋同，导致消费者越来越看重商品价格，造成 B2C 电子商务网站经常靠打价格战的方式吸引人气。此外，网上购物缺乏体验感，消费者只能通过商家展示的商品信息了解产品，出现了线上描述与线下产品不符、产品质量难以保证、产品假冒伪劣等问题，严重影响企业的信誉，给 B2C 电子商务模式的发展带来了不可小觑的影响。

二、典型的 B2C 电子商务网站

B2C 电子商务网站是指提供企业对客户间电子商务活动平台的网站。主要模式有综合商城、百货商店、垂直商店、复合品牌店、轻型品牌店等。[①] 随着我国电子商务的蓬勃发展，近年来陆续出现了一大批优秀的 B2C 电子商务网站，如天猫、京东、唯品会、苏宁易购、当当网等。

1. 京东

京东（https：//www. jd. com，首页如图 2－1 所示），于 2004 年正式涉足电商

① 资料来源：一品威客网，https：//gonglue. epwk. com/33850. html。

领域，是中国较大的自营式电商，也是中国较大的电脑数码产品零售平台，致力于为用户打造极致购物体验，成为众多电脑数码知名品牌的线上零售渠道。现已完成全品类覆盖，在线销售计算机、手机及其他数码产品、家用电器、汽车配件、家居装饰、食品生鲜、服装与鞋类、奢侈品、化妆品与其他个人护理用品、书籍文娱产品、母婴用品与玩具、体育与健身器材以及虚拟商品等。京东大力发展自建物流，保障用户体验，成为领先全球的标杆。

图 2－1　京东首页

2. **天猫**

天猫（https：//www. tmall. com，首页如图 2－2 所示），也称淘宝商城、天猫商城，国内较大的 B2C 平台，占据国内超过 50% 的 B2C 市场份额。自 2008 年 4 月 10 日建立以来，众多品牌包括 Kappa、李维斯、埃斯普利特、杰克琼斯、乐扣乐扣、六防、苏泊尔、联想、惠普、迪士尼、优衣库等在天猫开设官方旗舰店，受到了消费者的热烈欢迎。迄今为止，天猫已经拥有 4 亿多名买家，5 万多家商户，7 万多个品牌。易观数据显示，天猫是面向品牌与零售商的大型第三方在线及移动商业平台，并且持续快速增长，目前合作中品牌 150000 个。

图 2－2　天猫首页

3. 唯品会

唯品会（https：//www. vip. com，首页如图 2 -3 所示），于 2008 年 12 月 8 日上线，主营业务为互联网在线销售品牌折扣商品，涵盖女装、母婴、美妆、鞋包等各大品类。唯品会在中国开创了“名牌折扣 + 限时抢购 + 正品保障”的创新电商模式，并持续深化为“精选品牌 + 深度折扣 + 限时抢购”的正品特卖模式，每天早上 10 点、晚上 8 点准时上线 500 多个正品品牌特卖，以低至 1 折的折扣实行 3 天限时抢购，为消费者带来高性价比的“网上逛街”的购物体验。唯品会累积合作品牌 20000 多个，其中全网独家合作品牌达 2200 多个。

图 2 -3　唯品会首页

4. 当当网

当当网（http：//www. dangdang. com，首页如图 2 -4 所示），是国内领先的 B2C 网上商城，由国内著名出版机构科文公司、美国老虎基金、IDG（Internation Data Group，美国国际数据集团）、卢森堡剑桥集团、亚洲创业投资基金（原名软银中国创业基金）共同投资成立。从 1999 年 11 月正式开通至今已从早期的网上卖书拓展至各品类百货，包括图书音像、美妆、家居、母婴、服装和 3C 数码等几十个大类，数百万种商品。

三、B2C 电子商务网店开设的流程

1. 网店定位

选择 B2C 电子商务模式开设网店，先要明确网店的定位。以天猫为例，店铺的

图 2－4　当当网首页

类型分为旗舰店、专卖店、专营店。旗舰店是商家以自有品牌（商标为 R 或 TM 状态）入驻天猫开设的店铺；专卖店是商家持品牌授权文件在天猫开设的店铺；专营店是经营天猫同一招商大类下两个及以上品牌商品的店铺。作为入驻平台的商家，需要先梳理清楚网店自身的经营情况、品牌情况、商品特点等，看自身是否具备开设 B2C 网店的资格，进而确定网店的类型。

2. 筛选平台，确定入驻的电子商务平台

目前 B2C 模式的电子商务平台很多，商家通常会先考虑以下要素再来选择电商平台：①平台综合指标，包括网站设计、排名、收费项目、支付工具、即时通信工具、信用评价机制、物流等；②平台的服务质量，主要是平台提供的服务、收取的服务费、售后服务等；③平台性能，如操作方便性、稳定性等；④用户口碑，口碑好的平台能聚集人气，更有利于平台上网店的运营；⑤平台管理水平，这关系到店家与消费者的利益保障、纠纷处理、资金安全等；⑥配套物流等服务水平。

3. 了解平台的入驻资质，准备入驻

不同的 B2C 电子商务平台其规则略有不同，商家在开店前须了解清楚所选平台的入驻资质。比如天猫对于不同类目的旗舰店、专卖店、专营店的入驻资质有详细的规定，“女装/女士精品”类目，入驻要求注册资本不低于人民币 100 万元，具备一般纳税人资格，自荐品牌需提供商标注册证（R 标）等；“居家日用”类目，入驻要求商家依法成立 1 年及以上，注册资本不低于人民币 100 万元，若经营涉及出版物经营许可的商品（如年历、月历、日历、年画、挂历等），需提交“出版物经营许可证”等。商家可在各大平台官网查看了解各大类目的入驻条件，准备资料，资料须加盖开店公司公章（鲜章①）。

4. **申请入驻**

商家先在电商平台提交申请入驻资料，一般包括店铺类型、品牌信息、企业信息、店铺命名等；接着商家等待平台审核（包括品牌评估、资质初审、资质复审）；待审核通过后商家完善店铺信息，缴纳费用，完成店铺开设。

5. **店铺开通**

经过一系列的店铺申请入驻操作，网上店铺开设成功，接下来商家就可以装修、设计店铺，完成商品上架，进行网店的引流、推广活动。

如图2－5所示为天猫网店入驻流程。

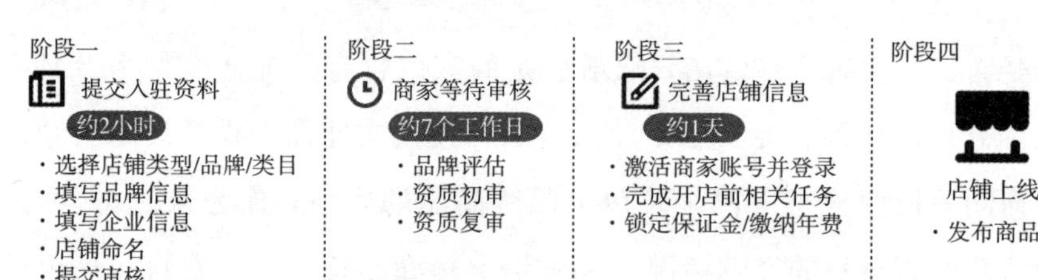

图2－5　天猫网店入驻流程

四、B2C电子商务网店运营的流程

网店运营是基于网络店铺进行的一系列有关产品推广、店铺品牌建设、产品营销等活动，从工作性质上来说可分为基础性工作、推广性工作。基础性工作包括起店名、编写宝贝标题、编写宝贝细节描述、装修店铺、店铺日常维护、产品更新工作等常规性的工作；推广性工作包括促销活动的策划、网店的推广等。不管进行何种网店运营活动，其操作流程如下。

1. **确定运营目标**

任何的网店运营活动，都要围绕明确的运营目标进行展开，有的放矢。运营目标的设定要根据店铺的实际运营状况、行业趋势等来考虑，比如店铺的销售额，往年线下年销售额是200万元，如今开通了网店，网店的年销售额目标是1000万元，

① 鲜章：指单位和个人在签署文件时，用印泥加盖的代表其单位和个人的印章。

这种跨度太大，不易操作，难以实现。如果今年制定年度销售额是300万元或者400万元可能更易实现，也符合企业的实际情况。制定了总体目标后，还需要把目标拆分，细化到更小的易于操作完成的小目标。例如，把年度销售额的总目标拆分到每个季度、每个月、每周里，这样目标更精确，更易操作完成，符合目标具体性的原则。

2. 制定运营策略

明确了运营活动的目标，如何实现这些目标呢？这就涉及运营方案的制定，重点是策划出运营策略，包括产品策略、价格策略、推广策略等。

（1）产品策略。制定产品策略首先要根据活动，明确产品的定位，是引流款还是爆款，抑或是利润款，筛选出合适的产品，并且产品的包装定位要与产品定位相匹配。

（2）价格策略。价格策略有低价策略、折扣定价策略、差别定价策略等。价格是否合理、是否能够吸引消费者，关系到产品的直接销售，因此在制定运营策略时价格是重要因素，需要从产品成本、推广成本、固定成本等方面来考虑，制定出既能吸引消费者，又能保障店家利润的价格策略。

（3）推广策略。活动推广的方式多种多样，如微信、微博、社群、短视频等，这些都是如今比较火热的互联网推广方式，商家可结合自身积累的营销推广资源，制订合理的推广策略。比如天猫周黑鸭食品旗舰店推出的“周黑鸭天猫十周年”店庆活动，前期通过微博、短视频、自媒体软文等方式进行活动预热，积累大量的人气，在活动进行过程中微博、短视频、软文等更是持续发力，不断推送活动广告、活动情况，吸引消费者。

3. 组织运营实施

制定运营策略是网店运营的第一步，而策略能否落地实施、达到预期的效果，关键在于组织运营实施。组织运营实施是产品、物流、人员的合理配置。内容如下：①稳定的货源供给，产品质量满足需求；②做好货物的库存准备及发货响应；③完善店铺基础建设，包括产品搜索优化、标题优化、主图优化、详情页优化、店铺的装修设计、推广海报的制作等；④营销推广的执行，包括文案创作、营销效果的数据统计等；⑤优质的客户服务，从售前、售中、售后全流程为客户提供满意的服务。

4. 效果跟踪与评估

在运营活动的执行过程中，需要针对运营、推广效果进行定期跟踪、评估，并提交效果统计分析报表，及时提出改进措施，给出切实可行的改进方案。在活动结束后，还需要收集运营推广过程中的各项数据，如有效的入店率、咨询转化率、客单价，各推广渠道的流量情况、转化率等，分析运营过程中的各项数据，总结运营结果，为下一步的网店运营提供宝贵的经验与参考。

课后拓展

扫描右侧二维码，观看视频“B2C 电子商务”，加强对 B2C 电子商务基本概念的理解。

任务二　B2B 电子商务

B2B 电子商务是企业与企业之间进行的电子商务活动。企业通过 B2B 网站进行采购、交流、支付等活动，实现整个交易活动的自动化、数据化，大大节省了成本，是企业贸易活动模式的创新。学生要认识 B2B 电子商务，必须了解其概念、特点、优势与不足，知道有哪些代表网站，清楚其网店开设流程与运营流程。

课前自学

学生自学本任务课中的知识内容，结合自学结果，以小组形式进行如下问题讨论。

（1）简要介绍阿里巴巴 B2B 业务。

（2）你认为 B2B 电子商务模式最大的优势是什么?

课中讲解

案例导入

2018 年中国 B2B 交易额 22.5 万亿元　营收规模达 600 亿元

2019 年 7 月 2 日，网经社旗下国内知名电商智库电子商务研究中心发布了《2018 年度中国 B2B 电商市场数据监测报告》。报告显示，2018 年中国 B2B 电商交易规模为 22.5 万亿元，同比增长 9.7%。

对此，网经社电子商务研究中心 B2B 与跨境电商部主任、高级分析师张周平表示，2018 年 B2B 电商步入快速发展阶段，3.0 时代通过服务，深入挖掘供应链价值。随着用户、技术基础的不断完善以及国家政策的大力支持，B2B 电商通过系列供应链服务打通产业链上下游，深入挖掘供应链价值，从“交易闭环”向“交付闭环”转变。

在营收规模上，按净额确认收入方法统计，2018 年中国 B2B 电商营收规模达 600 亿元，同比增长 71.4%。2018 年 B2B 行业整体有了较大的增幅。伴随着 B2B 的快速发展，企业金融需求开始井喷，供应链金融业务已经成为众多 B2B 企业发展壮大的重要一环。B2B 企业如何开展供应链金融业务、如何快速对接资金方，成为许多 B2B 人关注的焦点。

报告显示，按净额确认营收的方法统计，2018 年中国 B2B 电商平台市场份额中，前三名分别为阿里巴巴 28.4%、慧聪集团 17.6%、科通芯城 9.2%，其次分别为上海钢联 6.5%、国联股份 6.1%、焦点科技 1.4%、生意宝 0.7%，其他 B2B 平台共占比 30.1%。主流 B2B 平台市场份额虽有不同程度的波动，但整体较为稳定。阿里依旧占据 B2B 行业头把交椅，慧聪集团紧随其后，通过组织架构的全面升级，打造产业互联网生态圈。随着 B2B 市场竞争加剧，平台间的竞争已从单一用户转变成了供应链之间的竞争。尤其是在细分领域，B2B 平台已从单纯信息平台发展成提供综合行业服务的产业链融合模式。

（案例来源：联商网，《2018 年中国 B2B 交易额 22.5 万亿元　营收规模达 600 亿元》，http：//www.linkshop.com.cn/web/archives/2019/427830.shtml，转载）

案例思考

结合案例，分析我国 B2B 电子商务的现状。

一、B2B 电子商务模式概述

1. B2B 电子商务模式的概念

B2B 电子商务模式是指企业与企业之间依托互联网等现代信息技术手段进行的产品、服务及信息交易的商务活动。这种形式的电子商务是电子商务的主流，毕竟商业机构之间的交易和商业机构之间的合作是社会商业活动的主要方面，它们之间的交易才是大宗的。目前我国 B2B 行业的发展速度十分迅猛，且以中小企业为主要使用群体。著名的 B2B 电子商务模式的电商网站有阿里巴巴、慧聪网（首页如图 2－6 所示）等。

图 2－6　慧聪网首页

具体来说，B2B 电子商务模式平台主要分为综合 B2B 电子商务平台、行业 B2B 电子商务平台，这两种都属于第三方电子商务平台。

综合 B2B 电子商务平台，也叫水平电子商务平台，是一种跨产业链的提供综合型服务的第三方电子商务平台，是目前国内比较主流的 B2B 电子商务模式。从参与平台交易的对象来看，采购商、供应商在此汇集，分布在不同产业链条上的企业之间存在复杂的上下游关系，产品涵盖类别较多，信息量丰富且信息流动性强。在广泛的行业范围和众多的注册用户基础等方面占有优势，如阿里巴巴，用户规模达到数亿，在行业跨度、平台技术研发等方面具有明显的优势。

行业 B2B 电子商务平台，也叫垂直电子商务平台，它是提供同一产业部门之间服务的平台，此类平台在专业上更权威、更精准。但对于大多数行业垂直类 B2B 电子商务网站来说其受众过窄，难以形成规模效益。另外，产业链问题是垂直平台发展的关键。比如中国化工网、全球五金网等。

B2B 电子商务除了第三方平台外，部分企业自建了电子商务网站，其功能以采购和分销为主，关键优势在于企业对其关键业务的熟练掌握。建立此类平台的代表公司如国内的海尔（购买页面如图 2－7 所示），国外的通用、福特、思科等。此类网络平台的建立者都直接参与交易，不同于第三方电子商务平台。

图2－7　海尔官网内某产品购买页面

2. B2B **电子商务模式的特点**

（1）交易金额大。B2B 电子商务模式的交易活动是企业与企业间大宗货物的交易与买卖，其交易金额远大于 B2C，但其交易次数相对较少。

（2）交易内容广泛。B2B 电子商务模式的交易活动可以是任何一种产品，包括原材料、半成品、成品等，范围涉及石油化工、水电、运输、仓储、航空、国防、建筑等多个领域。

（3）交易过程相对复杂，但操作严格、规范。B2B 电子商务模式的交易活动涉及企业间原材料、产品的交易以及相应的信息查询、交易谈判、合同签订、货款结算、单证交换、库存管理和物品运输等，如果是跨国交易还要涉及海关、商检、国际运输、外汇结算等业务。相对其他模式的电子商务活动来说，交易的流程相对复杂，操作过程的要求更加规范、严谨，也更加注重法律的有效性。

3. B2B **电子商务模式的优势与不足**

（1）B2B 模式的优势主要体现为以下方面。

第一，可以降低企业交易成本，实现买方与卖方的双赢。企业之间通过电子商务活动，实现网上信息发布、网上自动采购，减少交易双方的人力、物力和财力投入。同时采购方企业可通过整合企业内部采购体系，统一向供应商采购，实现批量采购获取折扣。

第二，可以减少企业库存压力。保持合理的库存量是企业为适应市场变化制订的管理策略。过高的库存量会增加企业成本，且产品或材料不一定是市场畅销产品，而低库存可能会使企业的生产计划受阻，交货延期。B2B 电子商务模式通过互联网将企业需求信息传递给供应商，实现以销定产，以产定供，实现物流的高效运转和统一，最大限度控制库存，大大降低了企业的库存成本。

第三，企业更易扩大市场机会。传统的企业交易与合作往往受时间、空间限制，信息交流不够方便、快捷，而基于互联网的B2B电子商务模式，网上业务可覆盖到传统营销渠道覆盖不到的范围，从而扩大企业的市场机会，赢得商机。

第四，供应链管理更加方便，节省周转周期。B2B电子商务模式实现了企业的供应商与客户的直接沟通和交易，减少周转环节。比如波音公司通过建立电子商务网站实现波音公司的供应商与顾客之间的直接沟通，大大减少了零配件的周转时间。

（2）B2B电子商务模式的不足主要体现为以下方面。

尽管B2B电子商务模式的交易活动相对于传统企业间的交易活动来说，更加简单、快捷、方便、节约成本，但也存在着一些问题。

第一，B2B电子商务模式涉及企业的上游供应商、下游采购商，各方利益主体相互碰撞，鱼龙混杂，任何一个环节出现问题都可能影响交易的实现，因此要解决好行业产业链问题。

第二，B2B平台内允许群发询盘，造成询盘多、成交低的现象；B2B平台不能充分展示企业的个性化，买家面对的是产品图片、价格，这对于中高端企业来说显得不公平。同时行业网站市场的针对性较强，买卖双方的匹配度比综合网站相对要高，但行业电子商务网站受制于规模小、访问量少等因素，发展能力有限。

二、典型的B2B电商网站

1. 1688及阿里巴巴国际站

马云于1999年创办了阿里巴巴网站，即1688（https：//www. 1688. com/，首页如图2－8所示）的前身。1688现为阿里集团的旗舰业务，是中国领先的小企业国内贸易电子商务平台，以批发和采购业务为核心，业务覆盖原材料、工业品、服装服饰、家居百货、小商品等16个行业大类，提供从原料采购—生产加工—现货批发等一系列的供应服务。

阿里巴巴国际站（www. alibaba. com，首页如图2－9所示）是阿里巴巴集团最先创立的业务，它通过向海外买家展示、推广供应商的企业和产品，进而为企业获得贸易商机和订单，是出口企业拓展国际贸易的首选网络平台之一。截至2019年3

图 2 – 8　1688 首页

月 31 日，阿里巴巴国际站的买家来自全球超过 190 个国家，一般是贸易代理商、批发商、零售商、制造商和开展进出口业务的中小企业。阿里巴巴国际站还为其会员及其他中小企业提供进口/出口供应链服务，包括清关、贸易金融服务和物流服务。

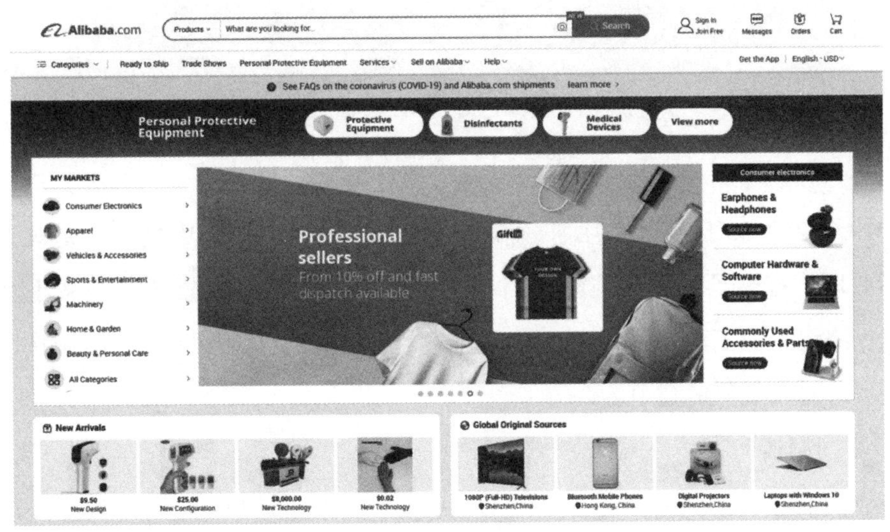

图 2 – 9　阿里巴巴国际站首页

1688 和阿里巴巴国际站的盈利主要来源于注册会员缴纳的会员费。1688 为国内中小企业完成网上交易提供有偿服务，其中最突出的是信用评估服务，所以国内付费会员基本都是“诚信通”[①] 会员。此外，1688 和阿里巴巴国际站还推出了“搜索关键字竞价”的收费模式，通过各种形式的网络广告收取广告费。

2. 敦煌网

敦煌网（seller. dhgate. com，首页如图 2－10 所示）创立于 2004 年，是处于领先地位的 B2B 跨境电子商务交易平台，致力于帮助中小企业通过跨境电商走向全球市场。目前，敦煌网拥有 200 万家累计注册供应商，在线产品数量超过 2200 万，累计注册买家超过 2100 万，覆盖全球 222 个国家和地区，拥有 50 多个国家的清关能力，200 多条物流专线以及 17 个海外仓。

图 2－10 敦煌网首页

2019 年 2 月 20 日新卖家注册敦煌网开始收取费用，但费用只在买卖双方交易成功后收取。打破了以往传统电子商务“会员收费”的经营模式，既减小企业风险，又节省了企业不必要的开支。同时避开了与阿里巴巴国际站、中国制造网、环球资源、环球市场等的竞争。

3. 中国制造网

中国制造网（https：//cn. made－in－china. com，首页如图 2－11 所示）创建于 1998 年，是一个汇集了中国企业产品，并为全球采购商提供高效可靠的信息交流

① 诚信通：1688 为从事中国国内贸易的中小企业推出的会员制网上贸易服务，主要用以解决网络贸易信用问题。

与贸易服务的平台，是国内中小企业通过互联网开展国际贸易的首选 B2B 网站之一，也是国际上有影响的电子商务平台。其业务覆盖全行业品类：工业品、原材料、家居百货和商务服务等，为供应商提供免费搭建企业展厅、免费发布产品、移动营销及深度推广等服务。

图 2 – 11　中国制造网首页

4. 环球资源

环球资源（www. globalsources. com，首页如图 2 – 12 所示）是一家致力于促进大中华地区的对外贸易的多渠道 B2B 媒体公司。公司的核心业务是通过一系列英文媒体，包括环球资源网站、印刷及电子杂志、采购资讯报告、买家专场采购会、贸易展览会等形式促进亚洲各国的出口贸易。

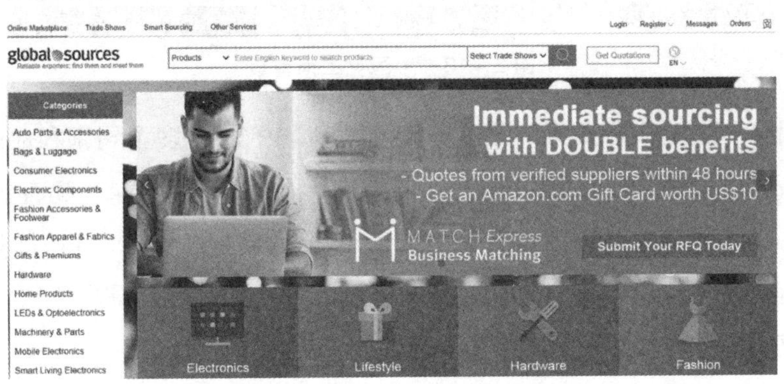

图 2 – 12　环球资源首页

环球资源有超过 100 万名国际买家，其中包括 95 家来自全球百强零售商，使用环球资源提供的服务了解供应商及产品的资料，帮助他们在复杂的供应市场进行高效采购。另外，供应商借助环球资源提供的整合出口推广服务，既提升了公司形象、获得销售查询，还赢得来自逾240个国家及地区的买家订单。

5. **中国化工网**

中国化工网（http://china.chemnet.com，首页如图2－13所示）是国内第一家专业化工网站，也是目前国内客户量、数据种类、访问量均居于前列的化工网站，还是引领中国化工产业走向国际化工市场的专业化工网站。该平台汇集了化工行业完整的产业链信息、产品链信息以及服务链信息，满足各类化工企业方便快捷地获取各类化工信息，同时该网站也是化工行业专业的网络营销通道，为国内外化工企业在中国市场提供产品信息推广、商业机会发布、企业形象展示等功能，帮助广大化工企业方便快捷地实现企业营销方式，提升企业知名度，创造收益。

图2－13 中国化工网首页

中国化工网建有国内最大的化工专业数据库，内含40多个国家和地区的20000多个化工站点，含25000多家化工企业，20多万条化工产品记录；建有包含行业内上百位权威专家的专家数据库；每天新闻资讯更新量达上千条，日访问量突破100万人次，是行业人士进行网络贸易、技术研发的主要平台。会员收费和广告收费是其主要的盈利模式。

三、B2B电子商务网店开设的流程

在B2B平台上进行开店的卖家一般是企业，B2B平台对企业资质的审核相对严格。1688是国内领先的综合型内贸批发交易市场，下面以1688网店开设为例，介绍 B2B 电商网店的开设流程。

（一）免费店铺的开设

1. 资格自审，确认是否满足平台开店要求

目前已有 200 万家中小企业在 1688 平台上开店，卖家在 1688 开店需要具备企业营业执照或者个体营业执照，否则无法开店。

2. 注册阿里巴巴会员

进入 1688 首页（https：//www. 1688. com），点击左侧的“立即注册”，签署注册协议，如图 2－14 所示。接着选择账户类型：企业账户注册/个人账户注册，并填写相应信息，如图 2－15 所示。企业账户用户必须拥有合法有效的营业执照，可作为卖家身份开店，也可作为买家身份采购；个人账户只能用于买家采购。企业开店选择“企业账户注册”，填写相关信息，包括会员名、登录密码、联系人姓名、企业名称、贸易身份等。

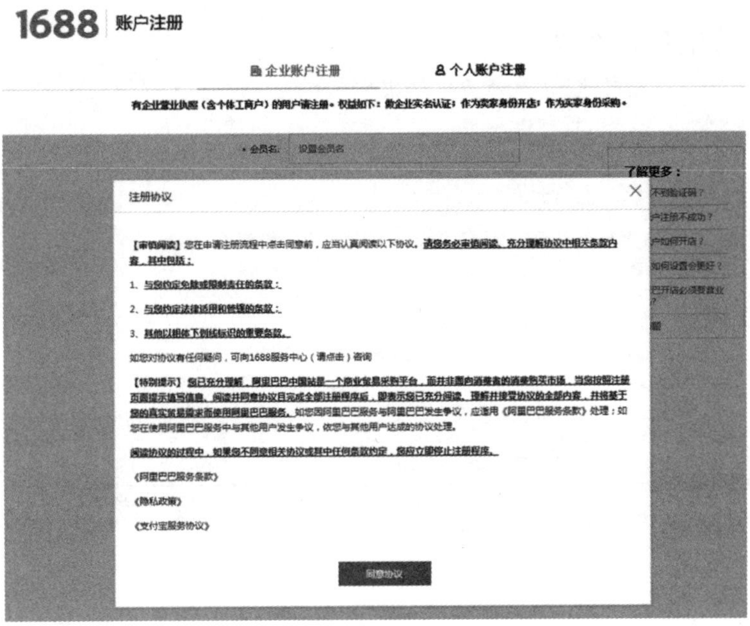

图 2－14　签署注册协议

3. 补充联系信息

补充联系信息主要是补充公司和联系人的详细信息，包括公司主营行业产品等，如图 2－16 所示。提交成功后回到首页，在首页登录入口登录即可，成为 1688 的普通会员。

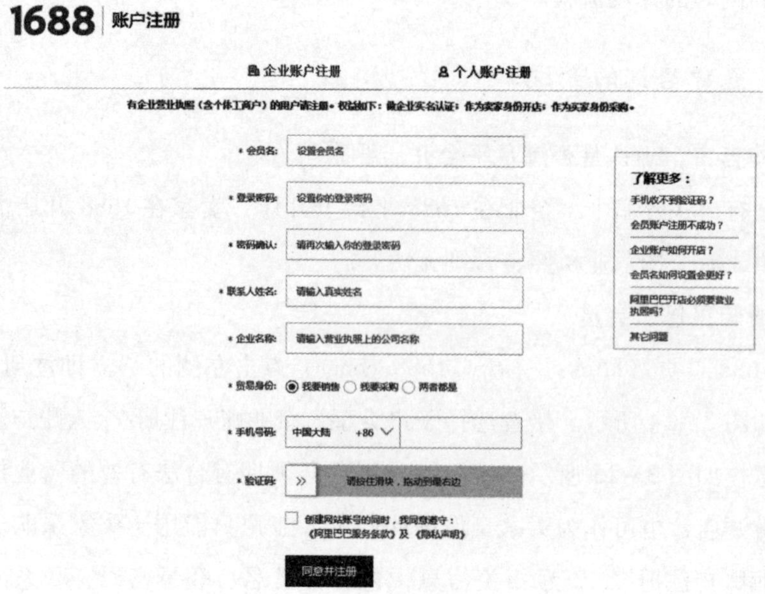

1688 账户注册
企业账户注册
个人账户注册
有企业营业执照（含个体工商户）的用户请注册。权益如下：做企业实名认证；作为卖家身份开店；作为买家身份采购。
会员名：设置会员名
登录密码：设置你的登录密码
密码确认：请再次输入你的登录密码
联系人姓名：请输入真实姓名
企业名称：请输入营业执照上的公司名称
贸易身份：我要销售 我要采购 两者都是
手机号码：中国大陆 +86
验证码：请按住滑块，拖动到最右边
创建网站账号的同时，我同意遵守：《阿里巴巴服务条款》及《隐私声明》
同意并注册
了解更多：
手机收不到验证码？
会员账户注册不成功？
企业账户如何开店？
会员名如何设置会更好？
阿里巴巴开店必须要营业执照吗？
其它问题

图2-15　企业账户注册

1688 补充联系信息
欢迎您，请补全以下信息，让商业伙伴能及时联系到您
姓名：【已认证】
性别：【已认证】
手机：
固定电话：86 - 区号 - 电话号码
公司名称：无执照请填写XXX(个人)，如张三(个人)
请输入在工商局注册的公司名全称
您的职位：
主营行业：内衣
主营产品：销售的产品 采购的产品
请填写采购产品
经营模式：生产厂家 经销批发 商业服务 招商代理 其他
联系方式：中国 --请选择-- --请选择-- --请选择--
街道门牌号 大厦名称 房间号码
确认提交
下次再说 | 不再提醒
© 2010-2019 1688.com 版权所有 著作权与商标声明 | 法律声明 | 服务条款 | 隐私政策 | 关于阿里巴巴 | 联系我们 | 网站导航

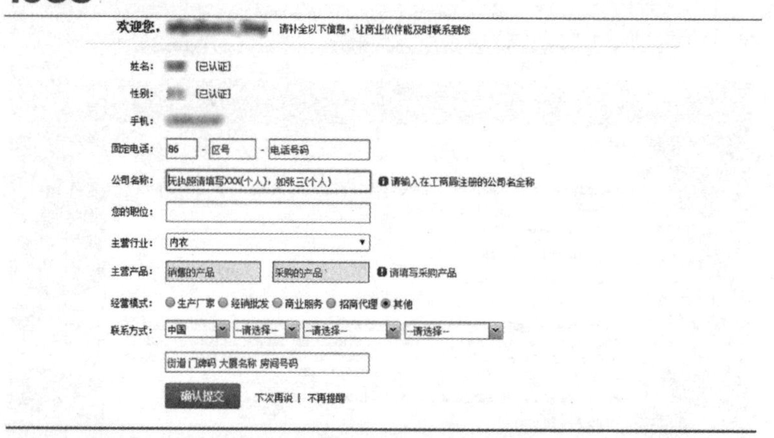

图2-16　补充联系信息

4. **开通免费的旺铺**

有了企业账户，还需要进行实名认证，绑定支付宝，名称认证等，通过认证后享受30天免费开店服务，可进行店铺装修、产品信息发布、信息优化推广等。这时网店没有流量，相当于开业前的准备，等待装修好店铺后须加入诚信通才能继续开店。

（二）诚信通店铺用户

诚信通是阿里巴巴自2002年推出的电子商务会员服务，帮助商家进行旺铺建设、商品力打造、店铺营销、B类特色交易、客户管理等数字化生意的全链路升级，通过构建官方小二与商家的协同服务和培训体系，助力商家成长。

只有1688企业账户才能办理诚信通，因此商家要先注册企业账户，再加入诚信通。诚信通年费为6688元/年，开通只需4步：注册企业账号；购买诚信通；支付诚信通订单；企业验证，验证通过后即可成功开启1688店铺。注意，支付到账后，由1688委托的第三方认证公司对开通诚信通的企业进行身份认证，认证过程中需要公司传真授权书和其他相关资料。

开通诚信通的客户，拥有旺铺特权，平台提供免费的行业标准化旺铺装修模板，开启手机端店铺以及个性化智能旺铺，解决商家店铺装修的难题。此外，诚信通用户还享有平台提供的营销推广、交易管理、客户管理、协同服务等权益。

四、B2B电子商务网店运营的流程

B2B平台作为交易平台，着眼于既定目标市场，分析和把握用户需要，通过产品、价格、促销、分销策略的整合，最终在为用户创造价值的基础上，实现自身的盈利目标。开设B2B电商网店，从卖方的角度来看，其网店运营流程如下。

1. 市场调研，了解公司及市场行情

经营B2B网店，其交易、合作对象是企业、个体户，首先要赢得他们的信任才会有交易往来。因此商家要充分全面地了解自己的公司，知道公司的优势在哪里，劣势在哪里。同时进行市场调研，了解公司所属行业的市场前景、现状、竞争情况，结合公司实际情况，扬长避短，明确网店的定位，这样才有可能在激烈的市场竞争中脱颖而出。

2. 店铺装修

购买诚信通的用户，平台提供了海量的旺铺装修模板，可根据企业特点、企业所处行业特点选择合适的网店模板来装修旺铺。装修的内容包括店招设计、全屏导航设计、首页框架搭建、视觉效果设计、首页公司宣传视频的制作等。店铺装修的风格要根据企业形象和产品风格设计，既要展现公司的实力，也要体现行业特色及产品特征。初期建议外包给专业机构操作比较好，后期可由企业的网店运营团队慢慢修改和完善。

3. **产品包装策划**

店铺装修效果是影响店铺流量的外部因素，真正的卖家要靠产品来赢得客户的青睐。影响店铺转化率的因素有很多，但产品绝对是最重要的因素。产品的包装和策划包含的内容很多，重点是产品结构的布局，要确定好引流产品、阻击产品、利润产品、品牌产品等，形成完整的产品宽度和产品组合，从而实现热销和利润的平衡。此外，产品图片的拍摄、主图视频的拍摄、产品销售文案的策划写作也十分重要。产品主图的设计、构图、色彩搭配、美化等是视觉营销的主要呈现方式，要能很好地体现产品的特性、卖家的实力。

4. **运营推广**

流量是网店运营的基础，卖家要结合企业（网店）定位、产品定位、用户群体等的特性，分析与策划网店推广活动，为网店带来更多流量，提升网店及产品浏览量与关注度，进而提升销售业绩。通常来说，推广的方式分为站内推广、站外推广两种。

以1688为例，其站内推广的方式有付费的实力商家、网销宝等。实力商家是1688推出的全方位体现卖家实力的全新服务，满足买家对源头品质货源的要求。实力商家是经过平台严格的资质审核，为买家提供多样特色的保障服务，参与实力买家的店铺享受1688提供的专属旺铺、专属图标、流量倾斜及专属服务等权益。其店铺、产品多方加权，优先展示，报活动会优先审核，流量会优先加持。网销宝是阿里巴巴专门为诚信通会员提供的增值服务，通过关键词商家锁定目标客户，筛选地域、时间，让推广范围更加灵活准确，从而有效提升信息曝光率。站内免费的推广方式有旺铺的基础维护，包括产品标题、主图、详情页的优化；合理规划宝贝发布时间；利用好橱窗推荐和店铺推荐；社区回帖等。

站外推广的途径有行业论坛软文推广、百度搜索引擎推广、360搜索引擎推广、微博推广、微信公众号推广等。

5. **数据采集与分析**

网店运营情况如何，可通过对网店运营过程中的一系列数据采集与分析来综合了解与判断。如1688商家通过系统自带的数据工具生意参谋采集、了解店铺运营过程中的流量、转化率、成交量、重复采购率等分析网店经营情况，通过展现次数、点击率等分析产品推广效果。数字化运营是B2B网店生存的重要法宝，选品、引流、转化都离不开数据，数据是客户行为轨迹的展现，研究分析运营数据帮助商家做出正确的运营判断，更好地适应市场变化，调整运营策略。

课后拓展

扫描右侧二维码，观看视频“B2B 电子商务”，加深对 B2B 电子商务模式的理解。

任务三　C2C 电子商务

我国电子商务的快速发展，促进了二手交易平台的涌现，二手闲置物品交易额逐年增高。据 MobData 研究院的数据预测，2018 年我国二手闲置市场年交易额为 7420 亿元，2019 年为 9646 亿元，2020 年则上升到 12540 亿元。C2C 电子商务平台是二手闲置物品交易的重要载体，该任务围绕 C2C 电子商务介绍其概念、特点、优势与不足、网店开设流程以及运营流程。

课前自学

学生自学本任务课中的知识内容，结合自学结果，回答下列问题。

（1）学生分组讨论，C2C 电子商务模式的优缺点。

（2）注册淘宝账号，开设个人店铺，掌握淘宝个人店铺的开设流程。

课中讲解

案例导入

京东、闲鱼、转转的二手交易市场争夺战

2019 年 6 月 3 日，京东宣布旗下的二手交易平台拍拍将与数码回收平台爱回收进行战略合并，合并后京东集团将成为爱回收最大战略股东。

从 2011 年开始，大小玩家涌入二手交易市场，资本也动作频频。有数据显示，在众多二手交易电商平台中，以阿里巴巴集团旗下的闲鱼渗透率最高，占比为 70.7%；其次是 58 同城旗下的转转，占比为 20.38%；拍拍二手占比为 6.37%；爱回收占比为 3.18%。从数据来看，拍拍和爱回收即便完成整合，想要挑战闲鱼、转转等头部平台，仍然有很长的路要走。

入场玩家多，大家的模式也各不相同。目前交易的业务模式主要有三种：C2C、C2B回收、C2B2C寄售。C2C模式较为简单，平台提供信息交换、信用体系和交易手段，供需双方直接对接；C2B回收模式较为繁琐，平台充当回收商，交易周期较长；C2B2C寄售模式介于前两者之间，两边C端用户议价，卖方寄货品至平台进行质检，质检通过后，由平台交货给买方，商品卖出后，平台抽成。

闲鱼借助淘宝进入二手电商市场，模式为C2C，品类较全。通过引入支付宝信用体系，闲鱼借助社区鱼塘等提升用户的活跃度和在闲鱼App上的留存率。

转转则以手机垂直品类杀入市场，采用的是“良品寄卖+优品自营”模式。在电子产品和书籍这两种标品品类上，采用C2B2C寄售模式。自营模式通过固定标准，对质量作出判断，并给出合理的价格，解决了信息不透明的问题。

爱回收、回收宝的模式为C2B。爱回收从用户侧先进行二手手机回收，再以2B的模式进入不同的下游产业链，回收宝则是与众多手机厂商和门店、专卖店等渠道方进行合作，提供手机回收、数据迁徙等服务。

比达咨询提供的数据显示，2019年3月，闲鱼App月活用户数达到2439.9万人，转转月活用户数达1142.9万人。而根据国内知名第三方电商投诉平台——电子商务消费纠纷调解平台显示，2019年1~3月共计收到108起对二手电平台的用户投诉，其中闲鱼、转转、享物说、猎趣四家平台占据总投诉量的95.3%。

（案例来源：搜狐网，《京东、闲鱼、转转的二手交易市场争夺战》，https://www.sohu.com/a/319778753_355020，整理、有改编）

案例思考

结合案例，分析C2C电子商务模式在二手交易市场上的优势。

一、C2C电子商务模式概述

1. C2C电子商务模式的概念及特点

C2C是消费者与消费者之间的电子商务，类似于生活中的跳蚤市场，构成要素包括买方、卖方、电子商务交易平台供应商。

C2C电子商务模式最大的特点是C2C网站作为交易的第三方不参与交易过程，

只是为买卖双方搭建一个网上交易信息交流平台。但是在该模式中，电子商务交易平台的作用十分重要，无可替代。第一，电子商务交易平台提供商承担着监督、管理的重要职责，要对交易双方的诚信、交易行为进行监督管理，最大限度地保障交易的公开、公平、公正，维护双方权益。第二，为买卖双方提供技术支持服务，包括帮助卖方建立个人店铺，发布产品信息，制定定价策略等。第三，为买卖双方提供保险、借贷等金融类服务，更好地为买卖双方服务。

2. C2C 电子商务模式的优势与不足

（1）C2C 电子商务模式的优势体现在以下几方面。

第一，C2C 电子商务模式的网店入驻门槛低，开店手续简单，在各个平台几乎都是免费开店。并且消费者只需要在 C2C 网站注册会员，就可以浏览、选择、购买商品，商家与消费者可以自主地在平台上进行交易。

第二，广泛地吸引用户。C2C 网站尤其是如闲鱼、转转等二手网站，凭借价格低廉的优势可以广泛地吸引买家与卖家。对于有明确目标的消费者，他们受价格的吸引会频繁光顾 C2C 电子商务平台；而没有明确目标的消费者，会为了享受购物过程中的乐趣流连于 C2C 电子商务平台。

第三，交易方式十分灵活。首先，交易不受时空限制，对于商家来说，可节省人力。其次，全天候的交易服务大大提高了交易的成功概率。最后，拍卖网站的出现使得消费者具有决定产品价格的权利，可以获得更多的实惠。

（2）C2C 电子商务模式的不足主要体现为以下方面。

C2C 电子商务模式的交易双方是个人，而个人的特性往往会影响交易的结果。比如，发货响应、售后服务、交易凭证等都受个人影响较大。

第一，售后难。有些 C2C 模式的交易后，卖家的售后服务只是表面应付一下，许多问题根本解决不了。

第二，交易凭证难以获得。C2C 模式的交易通常没有发票，为处理纠纷埋下了隐患。

第三，商品质量难以保障。在 C2C 市场，商品种类齐全，不乏二手货，正品、假货、旧货混杂在一起，质量参差不齐，交易需谨慎。

二、典型的 C2C 电子商务网站

1. eBay 易趣

1999 年 8 月，易趣在上海创立，同时标志着我国 C2C 电子商务的诞生。2002 年 3 月 eBay 注资 3000 万美元，易趣网更名为 eBay 易趣，并迅速发展成为国内最大的在线交易社区（首页如图 2－17 所示）。eBay 易趣的经营模式是向卖家收取商品登录费，并在每次交易成功后收取交易服务费，而淘宝实行免费政策，沉重打击了 eBay 易趣。2006 年 eBay 易趣与国内知名网站 TOM 在线进行合资，形成了如今的 TOM 易趣。

图 2－17　eBay 易趣首页

2. 淘宝网

2003 年 5 月淘宝网成立（首页如图 2－18 所示），宣告着我国 C2C 电子商务进入了新篇章。淘宝网从成立之初就以“免费”的方式吸引商家，并在商家数和商品数方面快速赶超易趣，随后取代易趣占领 C2C 市场头把交椅。目前淘宝拥有近 5 亿注册用户，每天有超过 6000 万固定访客，同时每天在线商品数超过 8 亿件，平均每分钟售出 4.8 万件商品。如今的淘宝已从单一的 C2C 网络集市变成了包括 C2C、分销、拍卖、直供、众筹、定制等多种电子商务模式在内的综合性零售商圈。

3. 闲鱼

闲鱼是阿里巴巴旗下闲置物品交易平台 App（首页如图 2－19 所示），借助淘宝进入二手电商市场，品类较全，覆盖服装、电子产品、日用百货等类目，通过引入支付宝信用体系，并借助社区鱼塘等提升用户的活跃度和在闲鱼的留存率。

图2－18　淘宝网首页

图2－19　闲鱼首页

闲鱼的会员只要使用淘宝或支付宝账户登录，无须经过复杂的开店流程，即可享受包括一键转卖个人淘宝账号中“已买到宝贝”、自主手机拍照上传二手闲置物品以及在线交易等诸多功能。

2016 年 5 月 18 日，阿里巴巴集团宣布旗下“闲鱼”“拍卖”业务合并，共同探索包括闲鱼拍卖、闲鱼二手交易、闲鱼二手车在内的多种分享经济业务形态。据公开数据显示，截至 2018 年 9 月，闲鱼交易额已突破 1000 亿元。目前，闲鱼是我国最大的二手交易平台。

4. 转转

转转是 58 集团孵化的国内领先的专业二手交易平台（首页如图 2 - 20 所示），成立于 2015 年 11 月。遵循“用户第一”的核心价值观，以“让资源重新配置，让人与人更信任”为企业愿景，提倡真实个人交易。转转首创 C2C 交易平台质检模式，转转官方人员对收购后的手机进行全面细致的质检，根据不同的标准重新定价再卖给买家，让买卖双方更放心地进行交易。

图 2 - 20　转转首页

三、C2C 电子商务网店的开设流程

C2C 网店开设操作比较简单，各个平台略有不同。下面以淘宝网个人店铺注册为例，介绍新店开设流程。

1. 注册店铺账号

个人登录淘宝网首页点击免费注册，签订注册协议，按照提示进行“设置用户名”“填写账号信息”“设置支付方式”，完成后注册成功，如图 2－21 所示。注意设置支付方式需提前准备好本人的银行卡号、身份证号。

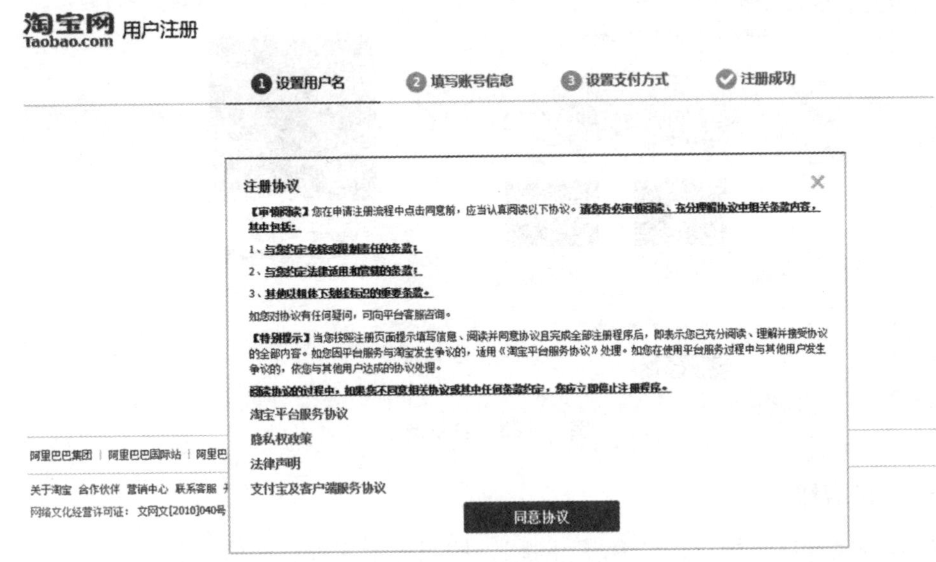

图 2－21　填写注册信息

2. 支付宝账户绑定

点击“千牛卖家工作台”的“我要开店”（如图 2－22 所示），根据系统提示完善支付宝账户信息，点击认证进行支付宝信息的完善。

图 2－22　我要开店

接着通过扫描弹出的二维码或者用支付号账号登录要绑定的支付宝账户，会出现支付宝身份校验页面，根据提示进行身份信息的完善，如图 2－23 所示。

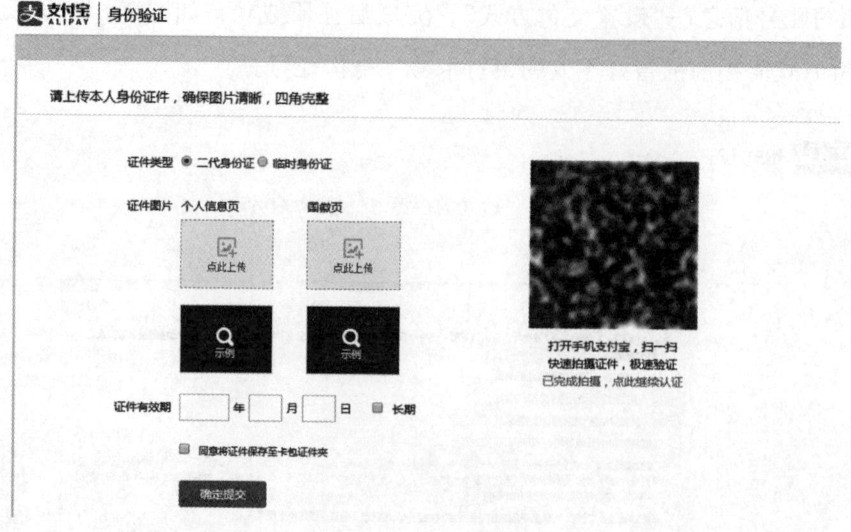

图 2－23　身份验证

3. 创建店铺

进入淘宝开店页面点击“免费开店”，按照提示完善店铺信息。

（1）选择开店类型。这里类型分为个人店铺和企业店铺，C2C 模式的网店店铺类型只能选择个人店铺，如图 2－24 所示。

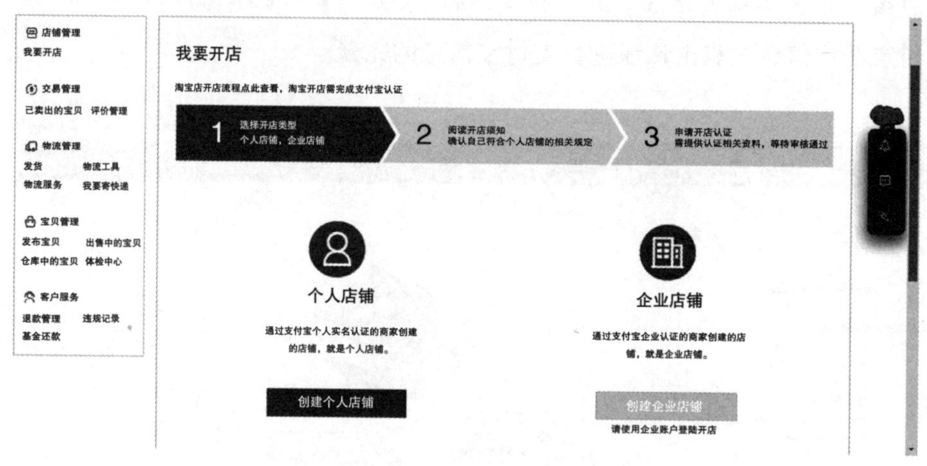

图 2－24　创建个人店铺

（2）阅读开店须知，确认自己符合创建个人店铺的条件，如图 2－25 所示。

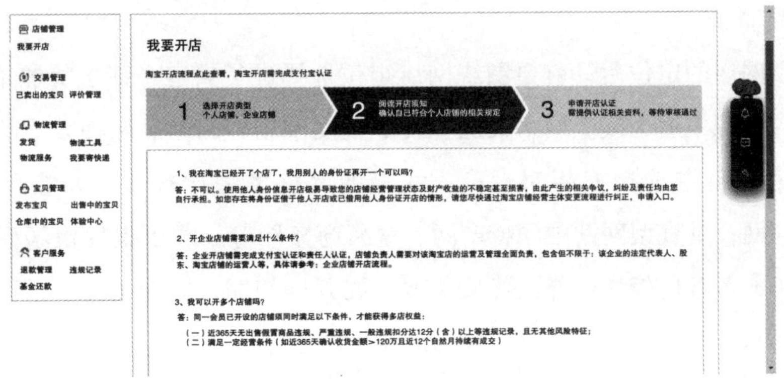

图 2－25　个人店铺开店须知

（3）申请开店认证，需按照平台提示提供相应的资料，如图 2－26 所示。

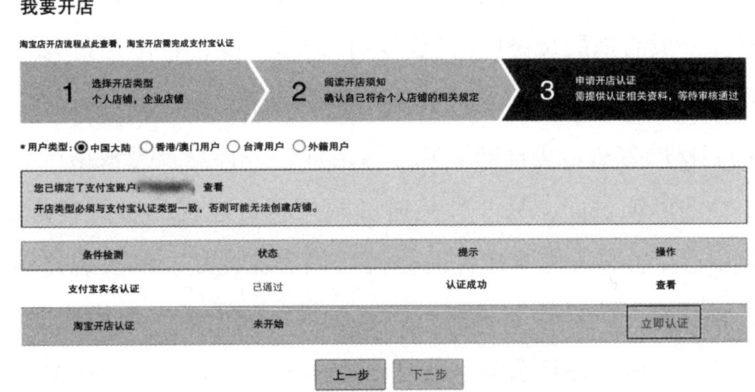

图 2－26　申请开店认证

开店认证通过后，商家就可以发布商品了，至少发布 3 个（价格大于 2 元），这样店铺才算开通，才能进行装修。

四、C2C 电子商务网店运营的流程

1. 网店定位

开设个人店铺，首先得清楚自己店铺的定位，即店铺的主营商品是什么，有什么特点，消费者是谁，价格如何定位等。以服装为例，按类型可分为男装、女装、童装；按价格分为高、中、低；按风格分为流行、职业、休闲、运动等。在开设服装店时，就要考虑清楚这些问题，对自身店铺有一个明确的定位，如是时尚流行女装店，以中高档品质占领市场还是主打物美价廉低端市场。

2. **确定货源**

明确了网店的定位后，就要围绕网店定位选择进货渠道，筛选货源了。作为C店，主要的货源渠道为线上网络渠道、线下批发市场，因为这两种方式的入门门槛较低，卖家的自主选择权相对较高。线上的网络渠道比较多，如综合性的网站1688、慧聪网；垂直型网站中国特产网、食品商务网等。线下批发市场商品种类齐全，便于实地考察比较，选择出优质货源。在开店初期，店铺销量一般不大，当地的批发市场基本就可满足需求。如果当地有生产条件，也可直接从生产厂商处进货，既能现场验货，保障商品质量，价格也会相对更便宜，同时减少库存风险。

3. **店铺装修**

（1）确定店铺装修风格。在确定自家店铺的装修风格前，可先搜索该C2C平台上同类产品的店铺，查看其装修风格，主要从色调选择、色彩搭配、图文布局等来考量整体风格。一般店铺的装修风格色彩不宜过多，颜色搭配最好与产品本色相呼应，能重点突出产品，简洁明了，使人看后耳目一新。

（2）店铺装修的方法。店铺的装修分为两种，一种是自身根据产品的特性和需要设计独具个性的店铺页面，另一种是通过购买平台提供的店铺装修模板来装修，比如淘宝卖家中心就提供了海量店铺装修模板供卖家使用。购买装修模板装修店铺简洁、方便、省时省力，但因为平台上卖家众多，难免会出现相同、相似的装修。装修时需要注意装修模板一旦选定，就是固定样式和版式，不能根据个人喜好随意改动。

（3）店铺装修的内容。店铺装修主要从店招、海报、导航栏、促销区、自定义栏、商品详情页等着手。切合店铺定位的装修风格，既能清楚明了地展示商品特色、体现卖家的专业与用心，又能赢得买家好感、促进商品成交、提高转化率。

4. **引流推广**

（1）店铺基础维护。这主要是优化商品的主图、标题、详情页等。做好店铺基础维护是店铺推广新品、扩大流量、提升转化率的前提条件，否则引入再多的流量转化率也不会很高。

（2）流量来源。淘宝流量的来源可分为站内流量、站外流量。站内流量有免费的，也有付费的。免费流量有自然搜索流量、自主访问流量以及聚划算、天天特价、淘金币等平台举办的促销活动的流量；付费流量，主要是直通车、钻石展位、淘宝客；引流的基本原则是先免费基础流量，再付费引流。站外流量主要是淘宝网以外的渠道获得的流量，如论坛、微博、QQ 及贴吧等社交网站带来的流量。

（3）引流的途径。一是参与平台举办的一些免费促销活动。比如，天天特价、淘宝清仓、淘金币等，此类活动比较吸引对价格敏感的人群。二是参与直通车、淘宝客、聚划算、钻石展位，此类付费引流流量容易获取且精准度较高。三是通过微博、微信、论坛、抖音、快手等引入站外流量。不管采取哪种方式引流，首先要装修好店铺，做好基础维护是前提。

课后拓展

扫描右侧二维码，阅读《其他电子商务模式》，了解更多新型电商模式。

项目小结

本项目围绕电子商务模式这一主题，主要介绍 B2C、B2B、C2C 三种主流的电子商务模式，分别从概念、特点、优势与不足、典型网站平台介绍、网店开设流程、网店运营流程进行详细阐述，让学生全面了解电子商务模式的基本概念。

课程思政

通过 20 多年的快速发展，我国在电子商务领域不断探索创新，形成了以 B2C、B2B、C2C 为主流的电子商务模式，并不断摸索实践出 O2O、C2B 等新型电子商务模式。近几年来社交电商也呈现出井喷式增长，2018 年我国网络购物交易规模 8.0 万亿元，但以天猫、京东、唯品会等为代表的传统主流电商平台用户增速已持续放缓。电商平台、商户都面临着竞争日益激烈、获客成本不断增加的困境，亟待开拓新的营销模式，找到更高效、低价、黏性更强的流量来源。

根据艾媒咨询发布的《2019 年中国电商半年度发展全景报告》，2019 年我国流行的电子商务消费模式是直播带货、社团团购。直播带货是从用户角度介绍商品的功能、特点、使用效果等，直接刺激消费者，激发其购买欲望。艾媒咨询数据显示，88.5% 的受访直播电商用户表示，直播方式更能强烈地刺激他们的消费欲望。2019 年 2 月淘宝直播 App 上线，消费者可边看直播边购物；同年 7 月，淘宝推动“启明星”计划，已有超过 100 名明星加入直播。直播 + 电商模式通过发挥明星网红的带货能力，塑造消费者互动场景，为消费者带来了新的体验。拼多多、蘑菇街、京东等电商平台也都纷纷引进主播资源，商家根据自身情况和产品特点选择合适的主播，开启了直播带货的新时代。直播带货俨然已经成为时下流行的电商交易方式。

根据报告，2019 年我国微信小程序电商用户预计将达到 2.40 亿人。微信已形成强大的社交用户基础，微信小程序的推出实现了人与产品的连接，可以更高效地触达用户，引发用户消费需求。因此依托微信而发展起来的社团团购也是 2019 年我国电商发展的一大特点。社团团购主打价格优势，依靠社群平台来搭建与用户之间的联系，增强用户黏性。同时，社群的氛围也更能推动用户参与互动。

现阶段各大电商平台都面临着线上获客成本高、如何发展线下交易的巨大考验。面对流量获取问题，电商平台也在不断探索更多新型电商模式，相信除了社交电商、直播电商，后续可能还会出现新的电商模式。

项目三　网络金融与电子商务

项目导入

自 2015 年国务院发布了《国务院关于积极推进“互联网 +”行动的指导意见》(国发〔2015〕40 号) 以来，我国众多行业借助“互联网 +”实现了转型升级。比如“互联网 + 医疗”实现了远程会诊、远程治疗、电子健康档案、在线疾病咨询等服务；“互联网 + 农业”推动了智慧农业、精细农业、高效农业、绿色农业发展，实现了由传统农业向现代农业的转型。随着电子商务的快速发展，传统金融行业为了适应电子商务发展的需求，也借助数据跟踪技术、互联网技术等进行转型升级，用互联网的思维改写金融业的竞争格局，衍生出众多网络金融产品及服务。本项目将围绕在电子商务发展背景下的网络金融进行阐述。

学习目标

◈ 知识目标

1. 理解电商金融行业发展的现状及前景。
2. 了解支付宝、微信等第三方支付平台的发展历程。
3. 掌握电商金融行业潜在的风险类型。

◈ 技能目标

1. 能够分析电商金融行业的发展趋势。
2. 熟练掌握支付宝、微信等第三方支付平台的使用方法。
3. 掌握电商金融行业风险的规避方法和应对措施。

◈ 思政目标

了解政府对我国互联网金融行业发展的宏观调控。

任务分解

本项目包含以下三个任务。

任务一 电商金融行业概况

任务二 支付平台介绍

任务三 电商金融风险

本项目旨在引导学生认识网络金融在电子商务中的发展，包括电商金融行业概况、常见的支付平台、电商金融风险三部分，结合具体案例，让学生正确认识电商金融发展环境，了解政府对于电商金融行业发展的宏观调控。

任务一 电商金融行业概况

近几年，电子商务的出现改变了传统的交易模式和消费模式，使商品交易突破了时间与空间的限制。但随之而来的是商家与消费者在电子商务交易中的资金需求问题，电商金融的出现，很好地解决了这一问题。自阿里巴巴推出阿里小额贷款之后，多家电商平台陆续推出了相关金融业务，如蚂蚁花呗、京东白条、唯品花等。本节内容将详细介绍我国电商金融行业发展的现状与趋势，让学生能够大致了解到我国电商金融行业。

课前自学

课前，学生自主学习本节关于电商金融行业发展现状与趋势的相关知识，并通过自行收集材料，整理出京东、苏宁易购、国美电器、淘宝、天猫、拼多多等电商平台目前都涉足哪些金融业务。

课中讲解

案例导入

【金融案例】360 金融：从金融实验田到全场景平台

2019 年，360 金融作为行业领先的创新科技金融公司宣布战略投资全球首个移动互联网圈层电商平台未来集市，360 金融将通过金融服务与技术能力的输出，探索零售场景融合与创新。

在此之前，360 金融已经在 AI（人工智能）大数据方面进行了超前布局，不仅发展数据智能技术以赋能金融和电商业务，还接入了脉脉、e 袋洗、嘀嗒出行等多元生态合作伙伴，将自身的用户、流量和技术优势应用于全场景中。

360 金融的合作伙伴中，脉脉的定位是实名制职场社交平台；e 袋洗聚焦城市居民、高净值人群洗衣的 O2O（Online to Offline，线上到线下）场景；嘀嗒出行可为城市白领提供出行服务。这三个平台的目标客户群体均包含一、二线城市的白领客户，360 金融可以通过这些平台下沉服务连接起多样化的生活场景，基于积累的优质人群画像开展金融服务的精准营销。

360 金融正是瞄准这些平台的流量和数据优势，成为平台与金融机构之间的桥梁。一方面，360 金融帮助银行、消费金融、保险、理财等金融机构，寻找与其目标客群相匹配的流量平台，开展覆盖客户全生命周期的金融服务；另一方面，360 金融连接优质和分散的互联网流量场景平台，拓展多元流量变现通道，实现商业价值增长。

360 金融作为技术中台，为金融合作伙伴和全场景伙伴提供标准化的技术解决方案，通过大数据和 AI 技术构筑去中心化开放平台生态，高效促进流量场景方用户与金融机构多样化需求的合作，尽可能地解决金融机构和中小 App 厂商无大数据和 AI 技术的技术症结，打造机构伙伴和场景伙伴的命运共同体。

（案例来源：网经社，《【金融案例】360 金融：从金融实验田到全场景平台》，http：//www. 100ec. cn/detail --6518124. html，有删减和改编）

案例思考

360 金融提供的网络金融业务，解决了电子商务中的哪些问题？其网络金融业务是怎样的运作模式？

一、电商金融行业发展现状

（一）电商金融定义

电商金融是传统金融行业借助互联网技术、数据跟踪技术，运用互联网思维，以“开放、平等、协作、分享”的精神，依托网络平台，创新金融模式，从而实现金融业务的转型升级。

从广义定义来看，电商金融泛指 P2P（Peer to Peer，对等）网络以及为电商提供互联网支付、互联网信贷、供应链金融、预售订单融资、跨界合作金融、中间业务、货币汇兑、账户预存款、移动支付等金融服务的机构。

与传统金融相比，电商金融最大的区别是业务媒介不同，电商金融以网络平台为依托，使传统金融业务具备更强的透明度、更高的参与度、更好的协作性、更低的中间成本、更便捷的操作，有效利用社会闲散资金拓展了小微企业的融资渠道，适应电子商务发展的金融需求。

（二）我国电商金融行业发展概况

1. 我国电商金融行业市场规模

（1）企业数量。

据 2019 年中国互联网络信息中心（CNNIC）发布的第 43 次《中国互联网络发展状况统计报告》显示，截至 2018 年 12 月，我国境内外互联网上市企业总数为 120 家，其中网络金融类企业占比 10.8%。

而根据中国产业信息网发布的“2019 年中国互联网行业发展概况、未来六大发展趋势及未来发展形势预测（图）”显示，中国金融类 App 月活跃独立设备数经过 2 年多的发展，已经从 5.1 亿台快速上升到了 8.5 亿台，如图 3－1 所示。

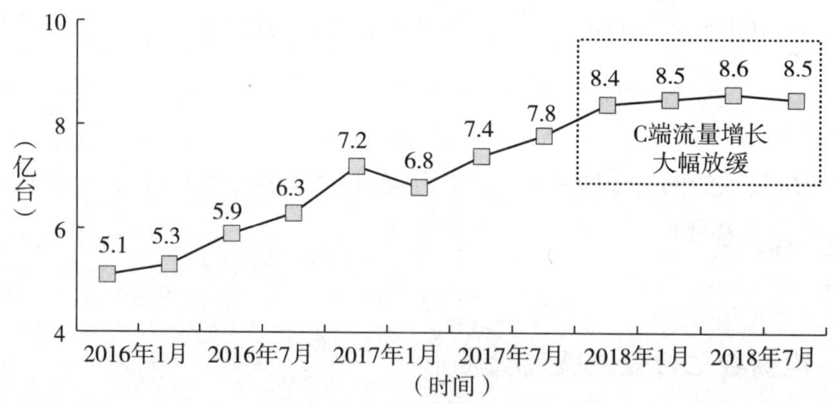

图 3－1　2016 年 1 月—2018 年 7 月中国金融类 App 月活跃独立设备数

资料来源：公开资料整理。

（2）人员规模。

在智研咨询发布的《2020—2026 年中国互联网理财行业市场现状分析及未来前景规划报告》中显示，继 2018 年资产管理新规及相关细则落地后，资产管理市场监管体系逐步完善，并进一步推动互联网理财市场规范化发展。截至 2019 年 6 月，我国互联网理财用户规模约 1.7 亿人，较 2018 年年底增长 1834 万人，占网民整体的 19.9%，如图 3－2 所示。

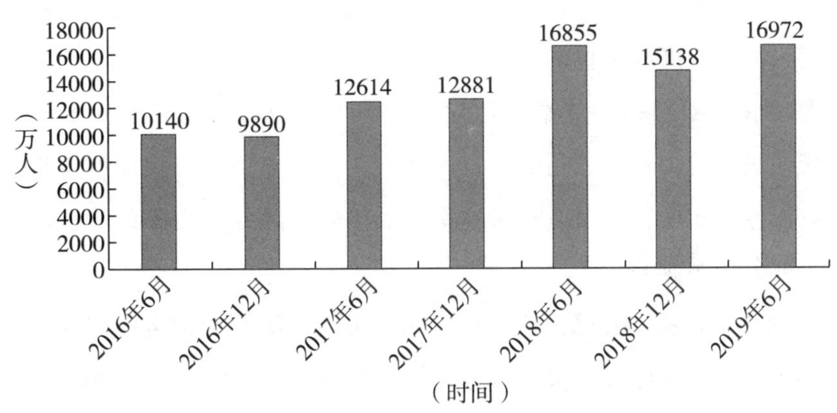

图 3－2　2016 年 6 月—2019 年 6 月互联网理财用户规模

（3）行业市场。

2018 年，虽然我国面临着复杂严峻的国内外形势和经济下行压力，但在以习近平同志为核心的党中央坚强领导下，国民经济总体发展平稳、稳中有进，互联网金融行业也在经过风险专项整治之后逐步朝规范化发展。

据中国互联网金融协会发布的《中国互联网金融年报（2019）》统计，中国网络支付、个体网络借贷、跨境支付情况如下。

①网络支付。2018 年，国内商业银行处理互联网支付业务交易金额 2126.30 万亿元，处理移动支付业务交易金额 277.39 万亿元；国内非银行支付机构处理互联网支付业务交易金额 50.15 万亿元，处理移动支付业务交易金额 167.89 万亿元。

②个体网络借贷。截至 2018 年年末，全国运营个体网络借贷的平台有 1726 家，年末贷款余额 8696.50 亿元，同比下降 27.96%。政府监管机构在全国开展了 P2P 网贷机构合规检查，对行业进行了正本清源、有序出清，让行业形成“良币驱劣币”的态势。

③跨境支付。2018 年，我国支付机构跨境支付交易笔数达 24.02 亿笔，较上年

同期增长91.24%，交易金额4939.58亿元，较上年同期增长54.87%。

2. 我国电商金融行业发展特点

随着我国电商金融行业发展趋于平稳，目前电商金融行业发展呈现出了即时性、移动化、透明化、成本低等特点。

（1）即时性。随着3G、4G网络的普及，智能手机几乎人手一部，可随时上网、随身携带，而电商金融自带的互联网基因，能够让用户随时随地享受到平台提供的转账、交易、查询等金融服务，比如支付宝、微信等平台，用户向商家扫码支付消费金额，商家能够立即收到付款。

（2）移动化。随着移动技术的迭代升级，很多金融机构开发并上线了移动应用，比如交通银行的买单吧、招商银行的掌上生活、阿里巴巴集团的支付宝、中信证券的中信证券信e投、中国平安保险集团的平安保险好生活等，能够让用户在移动端办理大部分金融业务。

（3）透明化。在移动互联网应用中，用户可随时随地查询金融服务信息，实现双方实时沟通交流，也让金融服务信息更加公开透明，比如在银行App中，用户可随时查看交易账单，了解转账进度等。

（4）成本低。移动互联网能够让金融产品或服务实现随时随地交易，大大降低了交易成本。比如股票、期货、中小企业融资、个人投资等信息在App中能够被快速匹配，可以直接在平台上完成交易，提高效率的同时也大大降低了交易成本。

（三）电商金融行业主要商业模式

根据不同的划分依据，可以解析出电商金融不同的商业模式，比如从运营主体解析，电商金融可以分为电商介入模式、互联网企业介入模式、第三方支付模式、P2P模式、众筹模式；从电商金融产品或服务形式来解析，电商金融可以分为互联网化的传统金融服务、金融交易撮合服务、互联网金融服务。

下面以运营主体为划分标准，详细介绍其商业模式。

1. 电商介入模式

电商平台为了完善平台服务，满足平台商家及消费者对于资金的需求，介入金融领域，形成自己的互联网金融模式，比如阿里小额贷款、京东商城供应链服务、民生慧聪新e贷、苏宁金融、敦煌网的e保通、网盛生意宝的贷款通等，这些平台中有些为平台上的中小企业提供服务，有些为平台上的供应链商家提供服务。

2. 互联网企业介入模式

这种模式主要是互联网企业看重金融领域发展，利用自身的互联网技术、资源、思维帮助金融机构向互联网转型，比如东方财富、融360、好贷网、数米基金网等，主要以各类基金代销、提供金融信息服务为主。

3. 第三方支付模式

采用第三方支付模式的企业往往会与银行达成合作，引入银行的支付结算体系。是集多家银行支付服务于一体的第三方平台，并且逐渐向多领域金融服务延伸，比如支付宝、财付通，用户可通过其实现跨行转账汇款、自助支付、贷款、理财等多种金融服务业务。

4. P2P 模式

P2P 网络借贷平台将传统借贷与网络结合起来。比如人人贷，平台作为第三方公司搭建有资质的网站，借款人通过网站发布自己的借款标，投资者看到后以竞标的形式取得借款标，然后在平台的监管下进行放贷行为。

5. 众筹模式

众筹模式是借款人借助互联网平台发布资金需求并说明资金用途，借助大众的力量筹措资金。资金筹措者通过产品的收益回报投资者，如 Indiegogo、追梦网、点名时间等。

二、电商金融行业发展趋势

电商金融兴起于20世纪末，依托互联网得到快速发展。目前，美国已经发展成为电商金融行业中较为超前的国家之一。近几年，我国对于电商金融行业的监管政策日趋严格，加之国内外复杂严峻的形势、国内经济下行压力等，电商金融行业也出现了新的发展趋势。

1. 纵深化

我国电商金融行业经过几年的发展，基础设施逐渐完善，市场秩序也日益成熟，平台流量相对比较稳定，众多平台为了提升市场竞争力、提高消费者参与度，纷纷布局完善产业链，电商金融行业图谱也越来越完善（如图 3－3 所示）。

2. 专业化

行业的划分越来越细的同时，为消费者提供的服务也越来越垂直，比如第三方支付就业务形态而言又可细分为移动支付、互联网支付、银行卡收单等，服务更加

图 3-3　2019 中国互联网金融行业图谱、细分赛道掌握的产业链合作必备资源①

集中。

3. 个性化

新零售时代，是以“人”为主体进行消费场景的搭建，其一大特征便是个性化的需求增多，而电商金融也顺应了这种个性化的商品需求和定制信息需求的趋势。比如 360 金融作为技术中台，除了为合作伙伴提供标准化的解决方案外，还需要使用大数据和 AI 技术为流量场景用户与金融机构进行多样化需求的匹配。

4. 国际化

传统金融业的发展往往受到国内外环境及政策的影响，电商金融行业发展也一样，尤其是各个国家和地区对外资金的政策、对外贸易的政策、金融法规等影响。互联网打破了时间与空间的限制，也打破了各个国家和地区之间的阻碍，让整个地球成为一个命运共同体，电商金融对接国际标准势不可当。

5. 规范化

从 2017 年开始，在我国供给侧结构性改革的大背景下，监管部门始终坚持“审慎、严谨”的态度，密集出台了一系列规范互联网金融市场的政策，加速了电商金融行业走向成熟化、规范化。如 2019 年 1 月在互联网借贷领域出台的《关于做好网贷机构分类处置和风险防范工作的意见》中规定，“坚持以机构退出为主要工作方向，除部分严格合规的在营机构外，其余机构能退尽退，应关尽关，加大整治工作的力度和速度”。

① 资料来源：艾瑞咨询发布的《2019 年中国互联网金融行业监测报告》。

课后拓展

（1）在云教学平台上自学本节课的微课、案例等拓展资源，深入了解电商金融行业，思考电商金融具有哪些特征？

（2）学生扫描右侧二维码自行学习艾瑞咨询发布的《2019 年中国互联网金融行业监测报告》，了解我国互联网金融行业发展现状与发展趋势。

任务二　支付平台介绍

根据数据显示，2019 年第 3 季度支付宝在移动支付市场份额中占比 53.58%，稳居首位；财付通占比 39.53%，居第二位，这两个平台占据了移动支付 93.11% 的市场份额。本任务将围绕常见的支付平台展开介绍，包括支付宝、财付通、京东支付。

课前自学

（1）学生课前通过网络自行收集艾媒网发布的《艾媒报告 | 2019 中国移动支付市场研究报告》（https：//www.iimedia.cn/c400/69467.html），了解我国移动支付市场的行业动态、发展趋势。

（2）学生在上课前完成本节知识内容的预习，重点了解支付宝、财付通、京东支付等平台的发展历程、主要功能，并结合实际生活思考这些支付平台给大家的日常支付带来哪些便利？对于人们的消费习惯有哪些改变？

课中讲解

案例导入

定位“拼多多 + 支付宝”结合体，“Passfeed”在美建立电商 + 金融环平台

Passfeed 是一家美国本土的社交电商新零售平台，在 2013 年上线之初，以疯狂不羁的派对风格深受加州大学圣塔芭芭拉分校（University of California - Santa Barbara，UCSB）和圣地亚哥州立大学（San Diego State University，SDSU）等 Party Schools 学生的追捧，迅速成为较受美国各大高校学生青睐的社交 App 之一。

Passfeed 从年轻人社交分享开始，逐步添加了线上商城、O2O、支付电子钱包等功能，旨在打造“电商+金融”的闭环平台。截至 2020 年，平台积累了 2000 多万注册用户，日活达 300 万，入驻的中国商户 200 家，覆盖了电子、服饰、美妆、家居用品等全品类商品网站上的商品 SKU 超过 200 万个，形成了集购物、支付、社交、电子钱包和消费贷于一体的个人消费金融生态链。

Passfeed 实际上是一个“电商平台+电子钱包+社交平台”的综合体。电商平台是为了满足美国消费者的购物需求，采用中国供应链输出和美国当地自营采购；O2O 流量闭环运营是将线下商户的商品和服务搬到了 App 上，会员在应用程序上能够购买到诸多线下店铺的套餐、优惠券、礼品卡，同时能够实现扫码支付；电子钱包功能主要是由其旗下的消费贷产品 PayLater 来实现，用户只需在 Passfeed 界面进行申请，后台风控模块将实时读取该顾客在美国信用体系的分值，按照对应的计算规则给予顾客信用额度后即时可用。社交平台主要体现在用户在平台上与朋友分享产品、每日优惠、限时抢购。

Passfeed 可以被看成是美版的“拼多多+支付宝”，其之所以能够增长得如此迅速，与平台流量的几何式裂变有很大关系。

（案例来源：36 氪百家号，《定位“拼多多+支付宝”结合体，“Passfeed”在美建立电商+金融闭环平台》，https：//baijiahao. baidu. com/s？id=1664183637142539646&wfr=spider&for=pc，有删减和改编）

案例思考

在 Passfeed 案例中，其消费贷产品 PayLater 对于平台打造服务闭环发挥了哪些功能？

一、支付宝

（一）背景介绍

1999 年 9 月，马云带领 18 位创始人成立了阿里巴巴集团，随后推出专注于国内批发贸易的中国交易市场，也就是现在的1688网站；2003年5月，淘宝网正式上线。初期，淘宝交易方式以同城交易见面和远程交易汇款两种形式为主，尤其是远程交易的双方，需要解决信任问题，马云首先考虑采用第三方担保交易的方式解决小企业、商家、消费者之间的信任问题。

淘宝上线之初，大多是几块钱或者几十块钱的商品，各大银行纷纷不看好这种担保交易业务，为了解决平台交易双方的信任问题，马云只能带领阿里巴巴集团，冒着极大的风险，研发自己的第三方支付平台。当时中国还没有第三方支付平台的模式，支付宝的成功推出，可谓是填补了中国第三方支付平台市场的空白。

（二）发展历程

支付宝从2003年10月上线至今，发展规模从最初的植根淘宝转型成为独立的支付平台，其发展历程可以分为三个阶段。

第一阶段：业务雏形阶段（2003—2004年）。

2003年10月18日，淘宝网首次上线了支付宝服务，推出“担保交易”的模式，旨在解决淘宝平台购物的信用问题。在这一时期，支付宝扮演的是淘宝网资金流通环节的担保交易工具角色。

2004年，阿里巴巴集团的管理层认识到支付宝不仅可以作为一个应用工具去解决淘宝网信用瓶颈，还可以成为一个独立的产品，为所有电子商务网站提供基础服务。于是，同年12月，支付宝从淘宝网拆分出来成为独立支付平台，并由浙江支付宝网络科技有限公司独立运营。

自2004年起，支付宝作为独立支付平台进行业务扩展。

第二阶段：平台成长阶段（2005—2014年）。

2005年支付宝推出了“全额赔付”支付，并作出“你敢付，我敢赔”的承诺；2008年支付宝发布移动电子商务战略，推出手机支付业务，同年还正式上线了公共事业缴费业务，支持水、电、煤气、通信等缴费；2010年支付宝与中国银行合作，首次推出了信用卡快捷支付；2011年，支付宝获得了央行颁发的国内第一张“支付业务许可证”；2013年支付宝陆续推出账户余额增值服务“余额宝”、独立品牌支付宝钱包、支付宝购买火车票服务等；2014年余额宝用户数突破8100万，每天的移动支付笔数超过2500万笔。

截至2013年年底，支付宝实名认证的用户数近3亿，单日交易笔数的峰值达到

1.88 亿笔，在移动互联网支付市场的份额跃居第一。

第三阶段：平台生态圈打造阶段（2015 年至今）。

从 2015 年开始，支付宝致力于完善业务模式、打造业务闭环，深挖用户需求，不断迭代升级产品。支付宝 9.0 版本切入线下生活服务和社交领域，加入了两个一级入口，亲情账号、借条等一系列功能；支付宝 10.0 版本新增了 AR 实景支付红包的玩法。

除此之外，支付宝不断完善付费场景，2015 年支付宝与麦当劳进行大数据合作，全国 2100 多家门店实现支付宝支付。2016 年支付宝与三星移动支付服务 Samsung Pay（三星智付）合作，实现滑屏快捷调出支付宝支付界面；与深圳人社局合作线上医保移动支付平台；入驻苹果 App Store（苹果应用程序商店）等。2017 年支付宝上线公益账户、推出香港版电子钱包——支付宝 HK、上线信用租房平台等。2018 年支付宝与以色列、瑞士、巴基斯坦等国家达成战略合作，同年还与网联签署合作协议，正式开展支付宝条码支付的业务合作。2019 年支付宝上线“发呗”“老年版相互宝”等功能，全国 442 座城市（含县级市和省直辖县）将政务服务“搬”上了支付宝平台①。2020 年 3 月，支付宝宣布从金融支付平台升级为数字生活开放平台。

（三）主要服务

目前，支付宝已为全球超过 12 亿用户提供了服务，其提供的主要服务如下。

1. 收付款

这是支付宝最基本的功能，支付宝钱包开通了当面付、二维码支付、找人代付等个性化服务，并且支付宝与多家银行达成合作，实现了用户的快捷支付。比如留学缴费，支付宝与国外支付机构 unipay、PeerTransfer 合作，开通支付宝支付留学费用服务。用户只要登录 unipay 或 PeerTransfer 就可使用支付宝支付留学费用。全球支持这一服务的海外大学包括麻省理工学院、康奈尔大学、杜伦大学、利兹大学、曼彻斯特大学等 300 多家。

2. 金融理财

支付宝推出余额宝、基金产品、保险产品等多种金融理财产品，让用户可以在

---

① 资料来源：中山大学《移动政务报告（2018）——重构与智慧》。

平台上根据需要筛选、购买。比如支付宝平台的相互保产品，芝麻分650及以上的蚂蚁会员可0元加入这种互助型的健康保障服务，享受包括恶性肿瘤在内的100种大病保障。

3. **担保交易**

担保交易是支付宝成立的初衷，可以有效解决淘宝、天猫等平台网络交易时买卖双方不信任的问题。不过随着平台的交易几乎都实现了即时到账，该功能已于几年前下线。

4. **生活缴费**

支付宝可以十分便捷地完成人们日常生活的缴费业务，如水费、电费、话费、车费等，都可以在支付宝上完成缴费操作，为人们生活带来了极大的便捷。

5. **信用借贷**

支付宝平台上线了花呗、借呗等服务，用户凭借自己的芝麻信用登记，获取相应的透支消费额度，用于教育、购物等日常消费服务。

支付宝目前已经发展成为一个开放的生活服务平台，其可提供的功能很多，除了上面提到的常用功能外，还有很多针对性很强的功能。例如：健康码、交通出行乘车码、体育服务、我的快递等便民生活服务；汇率换算、芝麻信用生活、蚂蚁保等财富管理服务；红包、转账、商家服务等资金往来服务；惠出境、彩票等购物娱乐服务；蚂蚁庄园、校园一卡通、爱心捐赠等教育、公益服务，火车票机票、哈啰出行等第三方服务。

二、财付通

（一）背景介绍

20世纪90年代，阿里巴巴、慧聪等B2B平台将线下的商务交易转移到互联网上，易趣、卓越、亚马逊等B2C（C2C）平台将线下购物搬到了线上，随着网上购物、在线交易的快速崛起，第三方支付也应运而生。

2003年，阿里巴巴基于电商平台信用隐患考虑，成立了支付宝，随后正式推出了第三方支付应用支付宝。而在2005年达沃斯世界经济论坛上，阿里巴巴创始人马云首次提出第三方支付平台的概念。

随着计算机技术的普及和应用，电子商务行业呈井喷式发展，第三方支付平台也就如雨后春笋般兴起。而彼时的腾讯拥有超过3亿的QQ注册用户，QQ游戏最高同时在线人数突破100万人，独立拥有近30项著作权软件产品，涉足第三方支付领域具有天然优势。

2005年9月，腾讯正式推出旗下第三方支付平台财付通（Tenpay），为线上交易的双方提供安全、便捷、专业的支付和收款服务，其业务覆盖了B2B、B2C和C2C各领域，是国内第二大线上支付平台。

（二）发展历程

腾讯进军第三方支付平台时，支付宝已经发展了2年，有着支付宝的发展作为参考，加之腾讯庞大的用户基数，财付通的发展历程十分清晰。财付通在成立之初就以“安全便捷”作为产品和服务的核心，为个人用户创造了200多种便民服务和应用场景。纵观其发展，可以概括为以下三个阶段。

第一阶段：业务雏形阶段（2005—2007年）。

2005年9月财付通正式上线，模仿支付宝平台功能，向用户提供如充值、提现、支付、还款等在线服务业务。2006年财付通提出了在线生活概念，率先通过了国家权威认证；同年，财付通荣获了2006年电子支付平台十佳奖、2006年最佳便捷支付奖、2006年中国电子支付最具增长潜力平台奖。2007年财付通重点发力于航旅行业，与中国南方航空达成战略合作，在第三方支付领域市场份额跃居第二位。

第二阶段：平台发展阶段（2008—2013年）。

2009年财付通与中国联通合作布局通信产业链，并发布“会支付、会生活”品牌新主张。2010年财付通推出开放平台战略，发布了超过100款第三方生活应用。2011年财付通涉足直销行业，与玫琳凯达成合作；同年财付通获得中国人民银行颁发的第三方支付牌照。2012年财付通获得基金支付牌照，并与中国人寿实现战略合作。2013年财付通联合微信发布微信支付，完成移动端支付布局。

第三阶段：平台规范阶段（2014年至今）。

第三方支付行业经过高速发展之后，其业务模式基本成熟，用户支付习惯已养成，自2015年以后央行便停止了支付牌照的发放，并加强了对该行业的监管力度。2017年，中国人民银行提出关于支付机构客户备付金集中存管和断直连等相关要求，有效监管支付机构的客户备付金使用情况，财付通积极配合落实客户备付金的集中交存。

2019 年财付通因违反支付结算管理规定，启动自查，并于 2020 年 3 月宣布大部分事项已完成整改。后续财付通在中国人民银行的指导下，将进一步加强合规管理工作，继续为用户提供安全、便捷、优质的支付服务。

（三）主要功能

财付通是第三方支付平台，其向用户提供的功能与支付宝类似，包括快捷支付、余额支付、分期支付、委托代扣、微支付、理财、生活服务等多种功能。

财付通自 2005 年成立开始，就将“安全便捷”作为产品和服务的核心，经过多年的发展，财付通个人用户已超过 2 亿，服务的企业客户也超过 40 万，覆盖的行业包括了游戏、航旅、电商、保险、电信、物流、基金等。

财付通的网络支付是以微信支付钱包、手机 QQ 钱包为入口，具体业务类型包括网关支付、快捷支付、余额支付，应用产品包括微信转账、条码支付、理财通等；财付通公司银行卡收单业务以微信支付和手机 QQ 钱包条码支付为主，包括收款扫码与付款扫码等；财付通公司跨境支付及国际业务的主要应用场景为跨境电子商务外汇支付业务。

三、京东支付

（一）背景介绍

随着第三方支付平台的不断成熟，阿里、腾讯纷纷成立第三方支付公司，同样具有电子商务背景的京东也不甘其后，京东集团旗下的京东金融于 2014 年 7 月推出了第三方支付产品——京东支付。

根据艾媒咨询（iiMedia Research）发布的《艾媒报告 | 2019 中国移动支付市场研究报告》相关数据统计，现阶段中国第三方移动支付市场以支付宝和财付通占据市场主导，两大平台凭借各自流量优势和场景覆盖完善度成为用户主要选择。

在市场寡头垄断明显的当下，京东支付另辟蹊径，凭借着京东集团的资源优势与中国银联紧密合作，成为到目前为止中国银联最大的第三方支付战略合作伙伴。同时，基于移动互联网市场，京东支付还推出了兼容 PC、无线端、POS 机、码支付、闪付等主流环境的跨平台安全便捷的支付产品——京东闪付，打通了线下消费场景，满足了各种应用场景下的个性化需求。

（二）发展历程

京东支付虽然“缺席”了第三方支付市场的初期发展，但回顾京东支付走过的历程却十分清晰。纵观其发展历程，可大致分为两个阶段。

第一阶段：业务发展期（2014—2017年）。

2014年，京东金融推出了新一代第三方支付产品——京东支付，实现真正意义上的一键支付。2017年，京东金融与中国银联签署战略合作协议；同年，京东金融作为非银机构，加入银联二维码支付体系，支持银联标准二维码联网通用，同时测试刷脸支付，并推出基于银联“云闪付”合作的NFC（Near Field Communication，近场通信）创新产品——京东闪付。

第二阶段：业务成熟期（2018年至今）。

京东支付一方面凭借丰富的用户运营经验，激励用户进行绑卡消费；另一方面依托京东白条和京东小金库等产品，打通“支付+信贷”和“支付+理财”的业务领域，使得京东支付在京东集团内部的交易支付占比得到了快速提升。

除此之外，京东支付还涉足智慧公共出行领域，为用户提供便利的支付服务，开拓更多生活消费场景，走出京东生态，如联合肯德基、好利来、吉野家等头部商户开展一些营销活动。

（三）主要功能

京东支付经过多年的发展，目前已经成为第三方移动支付市场第二梯队平台中的领先者，背靠京东集团，以京东业务进行孵化，结合京东金融推出了支付、理财、白条、众筹、保险等一系列服务。

1. 支付服务

京东支付提供的支付服务包括快捷支付、京东闪付、码支付等支付类服务。其中，快捷支付是京东联合支付公司推出的服务，京东闪付是京东金融为京东用户推出的服务。

2. 理财服务

京东支付为用户提供的理财服务有很多，包括京东小金库、基金理财、京东黄金、券商理财、代销基金、智投理财等。

3. **白条服务**

京东推出了一种先消费、后付款的全新支付方式，当用户在京东网站使用了白条进行付款后，可以享受账期内延后付款或者最长24期的分期付款方式。这就是白条服务。

4. **众筹服务**

京东金融推出的众筹服务包括了众测社区、众筹社区等，如图3－4所示。

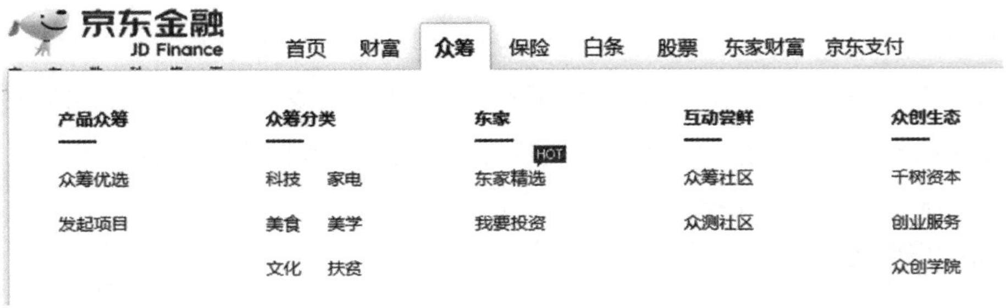

图3－4　京东众筹服务

5. **保险服务**

京东向用户提供了包括车险、意外、旅行、健康、财产、人寿等保险类服务，能够满足用户购买全方位保障服务的需求。

课后拓展

请同学们课后根据所学知识，自主收集资料，对比了解苏宁支付、唯品会支付、银联支付、拉卡拉支付等平台的发展历程、主要服务、市场占有率等信息。

任务三　电商金融风险

电商金融行业在发展的过程中，面临着和传统金融行业一样的风险，如信用风险、操作风险等。同时，它也面临着一些其他风险，如技术风险、法律风险等，本任务将一一向大家介绍电商金融行业存在的风险，主要包括法律风险；央行货币信贷调控风险；个人信用信息滥用风险；信息不对称、透明度低风险；技术风险。

课前自学

（1）扫描右侧二维码，阅读互联网金融风险专项整治工作领导小组办公室、P2P 网络借贷风险专项整治工作领导小组办公室于 2018 年 12 月 19 日联合发布的《关于做好网贷机构分类处置和风险防范工作的意见》（整治办函〔2018〕175 号），了解我国网贷行业规范化发展的要求。

（2）学生在上课前完成本节知识内容的提前预习，重点思考电商金融行业存在的主要风险有哪些？如果你遇到这些风险将如何维护自身的合法权益？

课中讲解

案例导入

团贷网是 2012 年上线的一家专注于小微企业融资服务的互联网金融信息平台，其面向市场的金融服务产品有微团贷、小微企业贷、供应链、分期宝、项目宝、资产标。

微团贷主要是面向全国个体工商户及个人提供 20 万元以内的小额信贷业务，主要产品有房速贷、车易贷、小额消费贷，通常是个人持有房产、汽车等作为贷款抵押物；小微企业贷是为小微企业提供快速融资通道、提高资金利用率的信贷业务产品；供应链是团贷网与俊拓金融为电商平台商户及跨境贸易类企业开发的产品，为借款企业提供报关、仓储管理、物流等配套服务；分期宝是对白领、蓝领、学生、公务员等群体提供的小额消费贷款产品，主推消费分期服务；项目宝是团贷网为有较大资金需求的企业推出的产品，供其在股权投资、房地产投资等领域使用；资产标是借款人以其持有的期货、股份制公司股权、银行票据、商业承兑汇票等资产作为质押物，通过团贷网进行融资的借款标的。

2019 年 3 月 28 日，东莞市公安局发布情况通报，团贷网实际控制人唐军、张林已于 2019 年 3 月 27 日主动向东莞市公安局投案。目前，警方已对团贷网涉嫌非法吸收公众存款案立案侦查，并依法对团贷网的 2 名实控人采取刑事强制措施。公开资料显示，截至 2019 年 3 月 28 日，团贷网已上线运营 6 年有余，借贷金额

1307.7 亿元，借贷总余额 145 亿元，当前借款人数 37 万人，当前出借人数 22 万人。

2019 年 4 月 28 日，“团贷网”非法集资风险化解处置指挥部（简称“指挥部”）发布警情通报称，截至 4 月 27 日，“团贷网”累计冻结涉案账户 3213 个、冻结资金 33.511 亿元人民币；累计追缴冻结转移隐匿资金 12.1 亿元人民币；累计查封扣押涉案房产 50 套、土地 2 块、飞机 2 架、汽车 48 辆、物品一批。

除此之外，指挥部还正告各借款人要依法履行还款义务，对于逾期未还款的借款人，将通过法律途径依法催收；对于恶意逃废债的借款人，有关部门将严厉惩戒，并将其列入失信人员名单、个人信息纳入征信系统和“信用中国”，其个人信用将受到影响；对于不怀好意、借机制造散布谣言、干扰阻碍案件侦办和追赃挽损、严重扰乱社会公共秩序的不法分子，公安机关将依法严厉追究其法律责任。

（案例来源：银讯网，团贷网事件跟踪专题页，https://licai.p2peye.com/zt/sjzt76.html，整理、有删减和改编）

案例思考

在团队网案例中，对于借贷平台而言，其主要风险是什么？对于平台上的用户而言，其可能面临的风险有哪些？

一、法律风险

电商金融行业的法律风险主要来自金融双方因无法满足或违反法律要求，出现不能履行合同现象时引发的争议或诉讼等纠纷造成经济损失的风险。

电商金融在我国发展相对比较晚，我国在这一领域的法律法规还不健全，目前我国有关金融的法律法规规范对象多以传统金融领域为主，如《中华人民共和国商业银行法》《中华人民共和国票据法》《中华人民共和国保险法》《中华人民共和国证券法》等。而对电商金融运作方式合法性、交易者身份认证等方面鲜有明确的法律规范出台，借款人的违约成本较低让整个电商金融行业处于法律盲区和监管漏洞之间，在一定程度上影响了电商金融行业的健康持续发展。

针对这一问题，我国应当加紧出台相关的法律法规，对不同电商金融主体进行规范，比如 2017 年先后发布的《网络借贷资金存管业务指引》《网络借贷信息中介机构业务活动信息披露指引》等文件，但是目前有关备案的相关法规只有 2016 年印发的《网络借贷信息中介机构备案登记管理指引》（银监办发〔2016〕160号）。

二、央行货币信贷调控风险

中国人民银行，是中华人民共和国的中央银行（以下简称央行），在我国是居于主导地位的金融中心机构，是国家干预和调控国民经济发展的重要工具，需要负责制定并执行国家货币信用政策，独具货币发行权，实行金融监管。

互联网金融的发展，让央行的传统货币政策面临一系列挑战，比如由于互联网金融企业不受法定存款准备金体系的约束，这实际上导致了货币乘数的放大。同时，互联网金融的发展削弱了中央政府信贷政策的效果，使得一些传统融资渠道被收紧，故而众多商家寻求通过互联网金融实现融资目的。

针对这一问题，就需要明确规定出互联网金融主体的业务经营范围，比如商业银行的专有业务是吸收存款、发放贷款、办理结算等，第三方支付平台的专有业务是快捷支付等。

大家日常在选择金融平台时，需要了解清楚平台的业务范围，避免陷入风险之中。

三、个人信用信息滥用风险

电商金融是传统金融的数字化转型，用户在登录这些平台时是需要实名认证的，由互联网金融企业通过数据挖掘与数据分析，获得的个人与企业的信用信息是否可以被用于信用评级？这些平台上的个人信用信息是否安全？

2020年5月，脱口秀演员池子（本名王越池）发微博称，中信银行上海虹口支行未获其本人授权便将其个人账户流水提供给上海笑果文化传媒有限公司。中信银行对此事件公开道歉，称该行已按制度规定对相关员工予以处分，并对支行行长予以撤职。

很多发达国家已经建立了比较成熟的个人征信机制，立法先行和用途管制并行，有效保障了个人信用信息的安全，比如在一些国家，个人信用记录只能用于信贷、租房等经济活动，个人信息从收集到存储和使用都有一套完善的法律依据。目前我国正在逐步完善这一方面，2019年国务院办公厅公开发布了《国务院办公厅关于加快推进社会信用体系建设 构建以信用为基础的新型监管机制的指导意见》（国办发〔2019〕35号），加快了我国的征信法治化发展。

如果发现个人信用信息被泄露，大家要使用法律手段进行维权，就像池子一样，坚决维护自己的信息安全权益。

四、信息不对称、透明度低风险

目前，我国互联网金融行业处于监管缺失的状态，比如在互联网 P2P 领域，借款人提供的资料真实性最终由谁来验证；如何进行整个借贷过程中的风险管控；如何防范互联网金融企业自身监守自盗的行为，等等。

针对这一问题，金融机构需要建立自己的数据库，同时积极推动我国自上而下建立起完善的信息公开平台，比如运用区块链技术，增加信息的透明度与可信度等，或是建立企业信息免费查询平台，尽可能公正、客观地反映出较多的信息。

五、技术风险

互联网金融处于一个开放式的网络通信系统中，TCP/IP 协议（Transmission Control Protocol/Internet Protocol，传输控制协议/网际协议）的安全性面临极大挑战，由于当前的密钥管理与加密技术相对不完善，使得电商金融很容易遭到计算机病毒、网络黑客等攻击。

在我国互联网金融行业，就曾出现过平台遭到境外黑客组织的攻击，随着比特币和以太币的价值快速上涨，网络犯罪分子针对加密货币的网络攻击越来越多，一旦遭到黑客攻击、病毒入侵等，随时可能会出现系统瘫痪、交易异常、客户资料外泄、资金被盗用等重大风险事故。

针对这一问题，各大平台需要加强对平台自身的交易系统、数据系统持续投入资金以保障安全。

课后拓展

（1）学生课后在云教学平台上自学本节课下的微课、案例等拓展资源，深入了解电商金融行业，结合自身日常生活体验，总结出自己身边存在哪些电商金融风险。

（2）2019 年西安奔驰女车主事件牵引出的“汽车金融服务费”让金融服务费受到了争议，请同学自主学习网贷天眼互金学院的《何为金融服务费？4S 店收取“金融服务费”是否合法?》（https：//news. p2peye. com/article－541999－1. html），了解“金融服务费”的相关知识。

项目小结

本项目围绕网络金融与电子商务这一主要内容展开介绍，具体阐述了电商金融行业概况、支付平台介绍、电商金融风险，引导学生初步了解电商金融行业发展现状与趋势，认识常见的支付平台，包括支付宝、财付通、京东支付等，掌握规避电商金融行业风险的方法和应对措施。通过本项目的学习，相信同学们能够系统全面地认识网络金融与电子商务的相关知识。

课程思政

2014 年的政府工作报告首次提出“促进互联网金融健康发展”，2015 年的政府工作报告用“异军突起”来评价互联网金融的发展，并继续提出“促进互联网金融健康发展”，2016 年政府工作报告提到互联网金融时用词是“规范发展”，可以看到 2016 年是互联网金融的规范发展年。

2018 年，中国人民银行会同互联网金融风险专项整治工作领导小组有关成员单位召开互联网金融风险专项整治下一阶段工作部署动员会，并推出一系列文件对整个行业进行整顿，构建起互联网金融监管长效机制。如互联网金融风险专项整治工作领导小组办公室、P2P 网络借贷风险专项整治工作领导小组办公室于 2018 年 12 月 19 日联合发布的《关于做好网贷机构分类处置和风险防范工作的意见》。

2019 年 3 月 28 日，中国银保监会召开了 2019 年处置非法集资部际联席会议（扩大会议），会议提出，稳妥有序打击处置互联网金融领域非法集资。高度关注打着“私募基金”“养老扶贫”“军民融合”“影视文化”等幌子的非法集资活动，并表示将加快推动出台《处置非法集资条例》。

2020 年 5 月 9 日，中国银保监会对外公开《商业银行互联网贷款管理暂行办法（征求意见稿）》（以下简称办法），办法共七章七十条，从风险管理体系、风险数据和风险模型管理、信息科技风险管理、贷款合作管理、监督管理等方面对商业银行互联网贷款管理提出明确要求。

项目四　旅游、娱乐与电子商务

项目导入

如今出门旅游，仅靠一部手机就可以完成网上订机票、订酒店、购买景点门票、查看旅游攻略等活动；游玩休息时，还可以用手机听听网络音乐、看看网络小说、玩玩网络游戏、参与网络直播。

手机强大的功能性促进了电子商务的发展，如今电子商务已渗透旅游、娱乐的方方面面，使得人们的生活更加便利与舒适。本项目将围绕电子商务在旅游业、娱乐业的应用进行展开说明，介绍电子商务与旅游业、娱乐业的融合模式、典型平台、盈利模式分析等内容，培养学生初步具备运用电子商务的思维，激发学生探索电子商务实践运用的能力。

学习目标

❖ 知识目标

1. 掌握旅游业与电子商务融合的模式。
2. 了解电子商务在旅游业应用的典型平台。
3. 掌握娱乐业与电子商务融合的模式。
4. 了解电子商务在娱乐业应用的典型平台。
5. 了解旅游、娱乐电商平台的盈利模式。

❖ 技能目标

1. 能够熟练应用各大旅游、娱乐电子商务平台。
2. 掌握电子商务在旅游业、娱乐业应用的模式与方法。

❖ 思政目标

了解电子商务在旅游娱乐业的应用，激发对祖国电子商务发展的自豪感，增强文化自信。

任务分解

本项目包含以下两个任务。

任务一　电子商务在旅游业中的应用

任务二　电子商务在娱乐业中的应用

本项目重点介绍电子商务在旅游业、娱乐业的应用，通过介绍电子商务与旅游、娱乐业的融合、典型平台、盈利模式，要求学生掌握电子商务在旅游业、娱乐业应用的基础知识，为今后电子商务的实践运用做好理论准备。

任务一　电子商务在旅游业中的应用

电子商务为旅游企业与旅游者搭建了一座方便、快捷、经济的桥梁，促进了传统旅游企业的转型与升级，也使旅游者的出行更经济实惠、体验也更舒适。该任务围绕电子商务在旅游业的应用展开，介绍我国旅游业的发展、旅游电商的概况，了解典型旅游电商平台及其运作盈利模式。

课前自学

学生自学本任务的知识内容，并收集资料，自选角度比较携程旅行网、去哪儿网、青旅在线旅游网、马蜂窝旅游网这几个典型的旅游电商平台（可从成立背景、主营业务、客户群体、平台优势等角度进行分析）。

课中讲解

案例导入

途牛旅游网（简称途牛网）于2006年10月创立于南京，以“让旅游更简单”为使命，专注于旅游产品本身。旅游产品涵盖跟团、自助、自驾、邮轮、酒店、签证、景区门票以及公司旅游等，其产品的最大特色是从近千家旅行社精选出性价比高的优质线路，组成丰富的产品线，满足消费者的国内外出游需求。

途牛网在创立时，携程旅行网、艺龙旅行网已经是电商旅游界的佼佼者。想要通过复制它们的经营模式获得“胜利”的可能性微乎其微。“在线旅游市场里，相比酒店机票的预订服务，专做旅游线路预订的很少，玩的人少就意味着机遇”，专家以为，尽管携程、艺龙等在渠道、产品资源等方面的优势为后来者建立了强大的竞争壁垒，但途牛网只做旅游路线并对这一细分市场进行深耕细作，应用互联网优势整合旅游产业链，将国内有众多旅行社的旅游线路集中在一起并且分类管理，游客通过访问途牛网了解感兴趣的旅游线路，也可向途牛网客服咨询，最后在途牛网完成预订。当游客与旅行社签署合同时，途牛网获得旅行社反馈的3% ~7% 的佣金。

截至2018年年底，途牛网合作的旅游服务供应商逾16500家，可以为消费者提供的跟团和自助等打包旅游产品超过220万种，还有丰富的机票、酒店、签证等单项旅游产品。截至2019年3月，途牛网累计服务超过1.08亿人次出游，共获得客户点评600多万条，产品综合满意度达到93%。

（案例来源：360百科，https：//baike. so. com/doc/5342029 – 5577472. html；途牛旅游网，https：//www. tuniu. com/corp/aboutus. shtml，整理）

案例思考

结合案例分析：途牛旅游网的运营策略是什么？

一、认知旅游业与电子商务

1. 我国旅游业发展现状

随着国民经济的发展、人民生活水平的不断提高，旅游休闲成为满足人们美好生活向往的重要支撑。近年来我国旅游业发展迅速，产业规模持续扩大，产品体系日益完善，基础设施逐渐健全，市场秩序不断优化。具体表现在以下方面。

（1）旅游业逐渐成为国民经济新增长点。

根据华中师范大学中国旅游研究院武汉分院与湖北经济与社会发展研究院共同完成的《2019中国旅游业发展报告》显示，2018年我国旅游业总收入达5.97万亿元，对我国GDP的综合贡献为9.94万亿元，占国内GDP总量的11.04%。通过研究近年来我国旅游业总收入及旅游业对我国 GDP 综合贡献情况，发现旅游业正逐渐成为国民经济新的增长点，如图 4-1 所示。

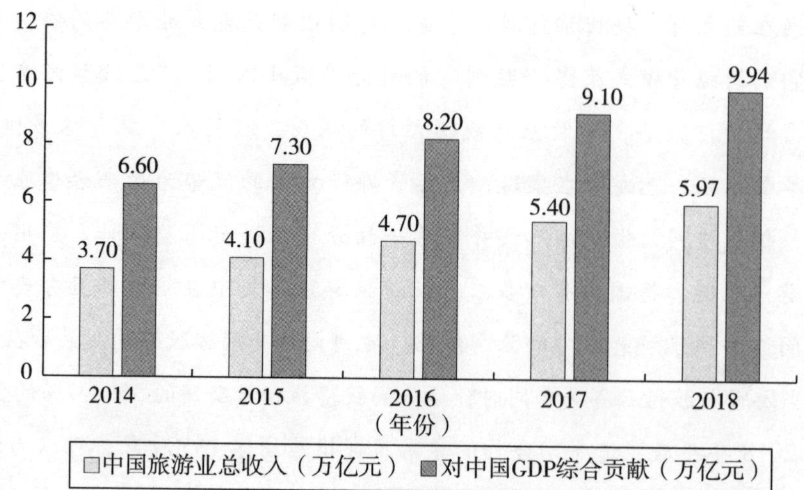

图 4-1　2014—2018 年中国旅游业总收入及对中国 GDP 综合贡献统计情况

资料来源：文化和旅游部，艾媒咨询。

（2）旅游人数逐年增长，旅游成为人们生活的必需品。

近年来，我国国内旅游人数逐年增长，旅游成为人们生活中不可缺少的一部分。2018 年我国国内旅游人数达 55.4 亿人次，同比增长 10.8%；2019 年我国国内游客 60.1 亿人次，同比增长 8.4%，如图 4-2 所示。2019 年国内旅游收入 57251 亿元，同比增长 11.7%。

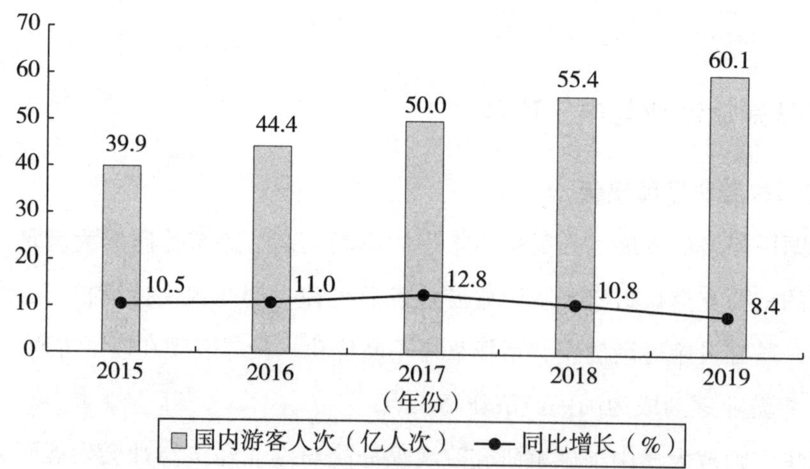

图 4-2　2015—2019 年国内游客人次及其增长速度

资料来源：国家统计局公布的《中华人民共和国 2019 年国民经济和社会发展统计公报》。

（3）深化推进全域旅游[①]，旅游产品体系、基础设施不断丰富。

推进全域旅游是我国新阶段旅游发展战略的再定位，具有深远的意义。为了推进全域旅游，国务院、文化和旅游部、各级政府、旅游单位陆续出台各种政策方针、规章制度积极促进旅游产业发展。2019 年年末我国文化和旅游系统共有艺术表演团体 2072 个，博物馆 3410 个。[②] 自 2015 年旅游厕所革命实施以来，截至 2019 年我国共建成旅游厕所 14348 座，其中新建旅游厕所 11209 座，改扩建 3132 座。[③] 旅游产业基础设施不断健全，全方位实现资源整合，不断提升旅游产业公共服务水平。

（4）快速发展的互联网助力旅游业发展。

2015 年，原国家旅游局下发的《国家旅游局关于实施“旅游＋互联网”行动计划的通知》（旅发〔2015〕210 号），指出“以互联网为代表的全球新一轮科技革命正在深刻改变着世界经济发展和人们的生产生活，为全球旅游业发展带来了全新变革，旅游与互联网的深度融合发展已经成为不可阻挡的时代潮流”。线上旅游平台不断涌现、智慧景区陆续建成、智慧旅游公共服务不断完善，旅游网络营销不断创新，互联网发展下诞生的电子商务促进着智慧旅游繁荣发展，为旅游业注入了新鲜的血液。

2. “互联网＋”背景下的旅游电商发展。

（1）“互联网＋”与旅游业融合，催生旅游电商的发展。

随着互联网＋时代的到来，各行各业都在积极地融入互联网。互联网与传统旅游业的融合，促进了传统旅游业的变革与转型升级，衍生出一系列的旅游电商。比如，旅游产业链上的酒店、航空公司、铁路、景区等纷纷建设网站平台，实现旅游业的在线预订服务功能，不仅如此，传统的旅游企业也在不断地进行产业升级、转型，如成立于 1981 年的上海春秋国际旅行社在公司官网的基础上，整合资源建设成如今的春秋旅游网（http：//www. springtour. com/），集旅游、航空、酒店一体化的综合性旅游网站。此外，还涌现出了一批如携程旅游网、去哪儿网、马蜂窝、飞猪等旅游综合服务的电商平台。

（2）线上旅游平台发挥资源整合优势。

供游客游览玩耍的景点旅游服务、交通客运业、住宿业构成了旅游业的三大支

---

① 全域旅游：各行业积极融入其中，各部门齐抓共管，全城居民共同参与，充分利用目的地全部的吸引物要素，为前来旅游的游客提供全过程、全时空的体验产品，从而全面地满足游客的全方位体验需求。

② 资料来源：国家统计局公布的《中华人民共和国 2019 年国民经济和社会发展统计公报》。

③ 资料来源：中国旅游报，《一图了解 2019 旅游厕所革命新进展》。

柱，形成了一个庞大的旅游产业链条。线上旅游平台将整个旅游产业链“串联”起来，旅游产业链的上游对接酒店住宿、旅行社、景区等众多的B端供应商，旅游资源丰富，旅游产业链的下游对接广大C端消费者，消费群体巨大，掌握着产业链上的核心资源和数据。

中国线上旅游产业链条如图4-3所示。

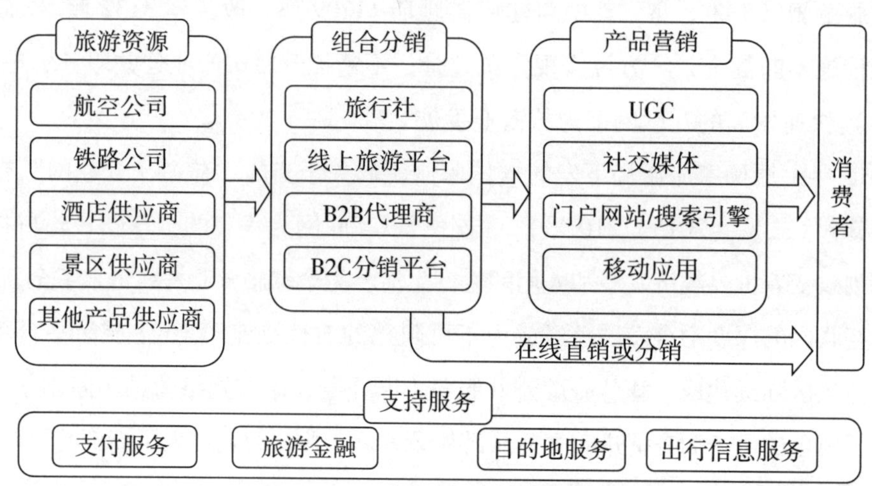

图4-3　中国线上旅游产业链条

（3）线上旅游市场收入规模逐年增加，且在旅游市场的占比持续扩大。

2013—2018年，我国线上旅游市场的收入规模逐年增加，到2018年年底已达9754亿元，虽然增速自2016年开始放缓，但线上旅游市场增长规模仍持续乐观，如图4-4所示。从线下旅游与线上旅游收入的占比情况来看，如图4-5所示线上旅游在旅游业总收入中的构成比例越来越高。世界旅游组织预测，到2020年我国线上旅游市场的收入将占旅游业总收入的53.82%。①

二、电子商务在旅游业的应用

（一）电子商务与旅游业的融合模式

1. 中介模式

中介模式的典型电商旅游平台是携程旅行网。携程旅行网（https：//www. ctrip.

① 资料来源：零壹智库，《中国旅游业产业金融发展报告2019》。

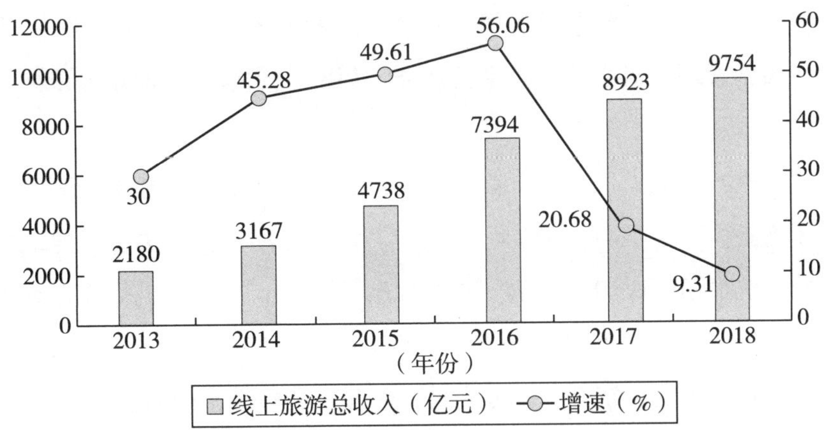

图 4－4　2013—2018 年线上旅游市场规模及增长速度

资料来源：华经产业研究院，零壹智库。

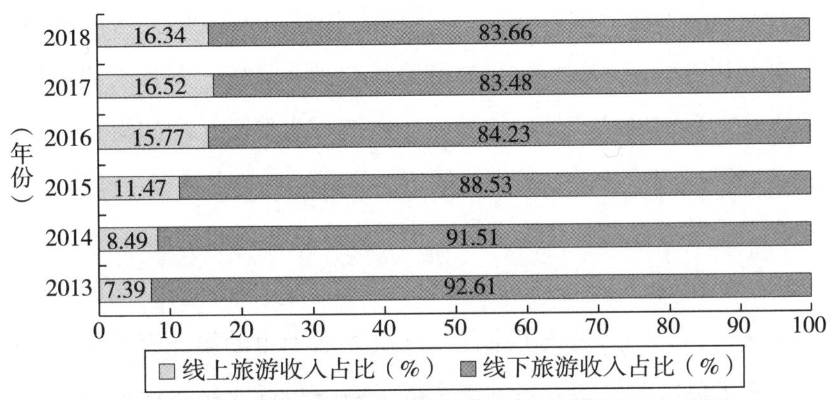

图 4－5　2013—2018 年线上旅游与线下旅游市场占比情况

资料来源：华经产业研究院，零壹智库。

com)，简称携程，创立于 1999 年，总部设在中国上海。目前公司已在 95 个境内城市 22 个境外城市设立分支机构，并在中国南通、苏格兰爱丁堡设立服务联络中心。携程旅行网成功地将电子商务与传统旅游业结合，向超过 9000 万会员提供集酒店预订、机票预订、度假预订、商旅管理及旅游资讯在内的全方位旅游服务。目前携程在在线旅行服务市场居领先地位，连续四年被评为中国第一旅游集团，目前是全球市值第二的在线旅行服务公司。

携程在创立之初，被称为一个“没有门店的旅行社”。它定位于旅游服务，没有库存，没有硬资产成本，就其作用而言是一个“票务服务＋酒店预订”的销售渠道商。携程以庞大的会员群体为基础先向酒店、航空公司获取更低的折扣，再作为其网上销售的中介商，从中获得的佣金是其主要利润来源，也开创了中国旅游分销的模式。如今的携程在旅游业深耕细作数十年，逐渐形成了以酒店预订、交通票务、旅游度假、商旅管理为核心的四大主营业务，但酒店住宿、交通票务依然是其核心业务。

携程这种模式的最大优势在于首创业务模式，客户认可度相对较高，具有庞大的用户群体优势，奠定了与酒店、航空公司、景区等的议价能力。艾媒北极星互联网产品分析系统显示，2019 年 5 月，“携程旅行” App 在旅游出行综合类 App 榜单排名第一，其活跃人数达 7031.2 万人。[①] 另外，携程网的本质是中介机构，只是借助了电子商务作为工具，绕开了双方交易，避开了交易带来的风险。

2. 整合模式

整合模式的典型代表是春秋旅游网、青旅在线旅游网。春秋旅游网隶属于上海春秋国际旅行社（集团）有限公司，其前身是 1981 年成立的上海春秋旅行社。春秋旅游网充分利用春秋国际旅行社在旅游路线产品、品牌、服务上的优势，整合自身资源建设而成。目前网站产品版块覆盖国内游、出境游、周边游、景点门票、个人旅行路线定制等，涉及旅游、航空、酒店、会议、展览、商务、车队、体育赛事、城市旅游观光巴士等旅游服务全产业链，为游客提供多元化的旅游产品。

青旅在线于 2000 年 6 月 1 日正式开通，隶属于中青旅股份有限公司。中青旅是我国三大骨干旅行社之一，是我国旅行社行业 A 股上市的第一家公司。青旅在线以中青旅长久积累的品牌和资源为基础，将电子商务与行业积累优势相结合，通过对中青旅传统的资源、业务、渠道等的整合，实现了从信息重组升值到产品分销、资金回收的全过程。中青旅向青旅在线提供旅游线路产品，负责接待青旅在线的游客；中青旅的机票、酒店均在青旅在线选购，两者形成了相互供求的关系。

整合模式的最大特点在于资源重组，整合利用。其本身都积累有深厚的旅游资源，有优质的旅行社及供应商，以自营业务为核心拓展平台业务，通过企业传统优势与电子商务优势的结合，两者互补，实现最优组合。

3. 垂直搜索模式

垂直搜索模式的典型代表是去哪儿旅行网（https：//www. qunar. com），简称去哪儿网。去哪儿网创立于 2005 年 2 月，总部位于北京，是我国第一个旅游搜索引擎。去哪儿网首次实现了旅行者能够在线比较国内航班和酒店的价格及服务，通过

---

① 资料来源：艾媒网，http：//www. ebrun. com/20190717/341921. shtml。

网站及移动端的全平台覆盖，随时随地为旅游服务供应商、游客提供覆盖国内外的机票、酒店、度假、门票、租车、接送机、火车票、汽车票和团购等多领域的产品与服务。截至 2019 年 3 月，去哪儿网搜索覆盖全球 68 万余条航线、580 家航空公司、147 万家酒店、9000 家旅游代理商、120 万余条度假线路、1 万余个旅游景点，并与国内外超 100 家航空公司进行深度合作，构建起一个融合线上、线下全价值链的在线旅游服务生态系统，持续提升用户的旅行品质。①

在去哪儿网，用户对搜索出的酒店、机票、度假等在线产品进行比较，然后在链接到的网站进行预订，既为用户提供优惠的价格，方便用户自由组合，还省去了中间环节，用户直接和供应商交易，这种直销的方式让用户体验到直销一体化的电子商务服务的特色。

该模式的优势在于领先的垂直搜索技术，满足了在线旅游市场用户对中立、智能、全面的旅游搜索比较平台的需求，整合了互联网上的机票、酒店、度假、签证等信息，为用户提供及时的旅游产品价格查询和比较服务。因此一经推出就聚集了大量的上游资源和客户，合作渠道广泛。

4. SNS **营销模式**

SNS（Social Networking Services，社会性网络服务）营销，是伴随着网络社区化而兴起的营销方式，利用 SNS 网站的分享和共享功能，通过病毒式传播，让产品广为人知。该模式的典型代表是马蜂窝（http：//www. mafengwo. cn）。

马蜂窝创立于 2006 年，从 2010 年正式开始公司化运营，是我国领先的基于个性化旅游攻略信息构建的自由行交易与服务平台，深受年轻一代喜爱。网站上汇聚有来自上亿用户的全球各地的景点、酒店、餐饮、娱乐等旅游信息，将个性化旅游信息与来自全球各地的旅游产品供应商连接，助力平台商家提升利润率，并重塑旅游产业链。

该模式的特点是不断激发和保持用户的分享精神，通过高质量的内容维系用户、网站和旅游商家的关系，实现三赢局面，保证网站良性运转。马蜂窝通过独有的攻略引擎技术分析、筛选出真实可靠、有价值的信息，既让用户获得良好的体验，也为旅游代理商带来了巨大流量，自身还可获得服务佣金。

除了上述几种模式外，目前很多门户网站如新浪、搜狐、网易等纷纷发现了在

① 资料来源：去哪儿网官网。

线旅游的商业价值，推出了旅游频道。如新浪旅游（http：//travel. sina. com. cn）整合了新浪网与新浪微博的资源，为用户提供各种全球旅游新闻资讯、出行信息，为用户提供个性化、定制化、社交化的旅游出行服务，同时为旅游行业用户提供各种营销服务。

（二）旅游业电商平台的盈利模式

1. 佣金

网站经营酒店、机票、旅游线路等预订服务的，会收取一定的中介服务费用。比如携程，其收取的佣金来自酒店预订代理费，机票预订代理费，度假产品中的自助游与商务旅游中的酒店、机票预订代理费，线路预订代理费，预订旅游门票、订餐佣金等。

2. 点击付费

作为垂直搜索引擎的去哪儿网，点击收费是其主要收入来源。即当用户在去哪儿网上搜索酒店、机票等信息，点击某一酒店、机票等的链接时，该酒店、航空公司便会向去哪儿网支付一定的费用。

3. 广告

网络广告具有传统广告无法比拟的优势：传播范围广、不受时空限制、内容丰富、形式灵活、互动性强等。在各大旅游电商平台及门户网站的旅游频道上，都推出有针对旅游产品供应商的广告展位，广告费是旅游电商平台盈利的一大途径。

4. 旅游服务

在主打旅游产品服务的电子商务网站中，其盈利来源主要是旅游度假产品。比如途牛旅游网，避开了携程、去哪儿网的商旅模式，专注于旅游度假产品，整合各家旅行社的优质旅行线路，以较低的批发价格批量采购，出售给下游客户获得适当的价格差。

课后拓展

扫描右侧二维码，阅读《互联网发展下的旅游业新机遇——旅游与互联网融合发展优势》，加强对电子商务在旅游业应用的理解。

• 微信扫一扫
• 码上就能学

任务二 电子商务在娱乐业中的应用

休闲时间，你的娱乐生活是怎样的？追剧、听音乐、玩手游、看在线小说、刷短视频、看直播……如今人们的娱乐生活似乎都离不开互联网，电子商务在娱乐业的应用越来越多样化。该任务围绕电子商务在娱乐业的应用，让学生了解泛娱乐行业的发展现状、娱乐电商的典型代表及盈利模式。

课前自学

学生自学本任务的知识内容，结合自学结果，以小组形式进行如下问题讨论。

（1）电子商务在娱乐业有哪些应用？举例说明。

（2）就电子商务在娱乐业某一方面的应用，谈谈你的体会。

课中讲解

案例导入

腾讯开启“印钞”模式，和平精英手游3天营收过亿元

和平精英是由腾讯光子工作室自研打造的军事竞赛体验手游，于2019年5月8日正式公测。和平精英一上线就受到玩家的追捧，仅上线3天就获利约9626万元人民币，平均每天获利超过470万美元，创下迄今为止的IOS平台战术竞技手游营收速度之最，顺利接过绝地求生：刺激战场在“吃鸡”手游中的头把交椅。

根据腾讯介绍，和平精英有超过300人的超豪华制作团队，无论从画面还是情节上都超越曾经的“吃鸡”游戏。从内测和玩家的反映情况来看，整体好评率很高。虽然短期内玩家的数量可能无法超过绝地求生：刺激战场，但从长远来看，不管是盈利能力还是玩家的追玩程度都有可能超越它。

和平精英在游戏内所设置的付费点围绕整个游戏运转，主要分为三种：第一，使用点券购买服饰、装备和人物皮肤等传统的付费点；第二，使用点券购买系统或官方推出的限量皮肤或特别日子的皮肤；第三，已在各类竞技手游中普及的战令系统，目前和平精英可购买两种战令，精英手册和进阶版的豪华包。

众多的盈利方式，使得腾讯积极推广和平精英这款手机游戏。目前，“和平精英”手游的App下载量仅次于王者荣耀，排在第2位。未来，其盈利能力不可小觑。

（案例来源：搜狐网，《腾讯开启“印钞”模式，和平精英手游3天营收过亿元》，https：//www. sohu. com/a/313751109_204728，有删减和补充）

案例思考

结合案例思考：电子商务除了在网络游戏方面，在娱乐业中还有哪些应用？

一、认知电子商务在娱乐业的应用

1. 泛娱乐概念的提出

近年来，随着我国互联网的普及以及电子商务的蓬勃发展，各行各业都在经历着一场历史性的伟大变革。“互联网+”与文化娱乐业的相互碰撞、融合，衍生出泛娱乐的文化生态体系。

泛娱乐的概念最早由腾讯集团副总裁程武于2011年提出，并在2015年发展成为业界公认的“互联网发展八大趋势之一”。所谓泛娱乐，指的是基于互联网与移动互联网的多领域共生，打造明星IP① 的粉丝经济，其核心是IP。泛娱乐行业包括在线阅读、在线音乐、网络视频、网络游戏、网络直播、短视频和娱乐化网络动漫市场。如今互联网泛娱乐的生活方式广受人们喜爱，人们通过在这些娱乐平台消费，满足自身娱乐需求。电子商务与互联网泛娱乐的融合，拓宽了人们休闲娱乐的范围，改变了人们的休闲娱乐方式。

2. 泛娱乐业市场发展现状

（1）各类互联网娱乐应用，用户规模平稳增长。

根据第44次《中国互联网络发展状况统计报告》，2019年上半年，我国个人互联网娱乐应用发展整体较为平稳。网络视频（含短视频）、网络音乐、网络游戏、网络文学、网络直播②的用户规模均上涨，其中网络音乐、网络文学、网络直播的

① IP：直译为Intellectual Property，知识产权。此处为IP的衍生义，指知识产权和品牌的结合。

② 网络直播，包括体育直播、真人秀直播、游戏直播和演唱会直播等。

用户规模半年增长率均超过5%，如表4－1所示。

表4－1　2018年12月—2019年6月网民各类互联网娱乐应用的用户规模及使用率

互联网娱乐应用	2019年6月		2018年12月		半年增长率（%）
	用户规模（万）	网民使用率（%）	用户规模（万）	网民使用率（%）	
网络视频（含短视频）	75877	88.8	72486	87.5	4.7
网络音乐	60789	71.1	57560	69.5	5.6
网络游戏	49356	57.8	48384	58.4	2.0
网络文学	45454	53.2	43201	52.1	5.2
网络直播	43322	50.7	39676	47.9	9.2
短视频	64764	75.8	64798	78.2	－0.1

资料来源：第44次《中国互联网络发展状况统计报告》。

（2）视频、音乐用户规模庞大，涌现出一大批视频、音乐平台。

从表4－1可以看出，网络视频（含短视频）、网络音乐的用户规模在我国互联网娱乐应用用户规模中居于前列，截至2019年6月分别达到75877万、60789万。视频、音乐的内容大众化，且形式丰富多彩，易于接受，因此行业用户规模较大，还培育出了一大批优秀的网络视频、网络音乐平台，网络视频平台有腾讯视频、优酷视频、爱奇艺、哔哩哔哩等；网络音乐平台有QQ音乐、网易云音乐、酷狗音乐等。

（3）网络文学蓬勃发展，平台业务扩张。

从表4－1可以看出，截至2019年6月，网络文学的网民使用率达53.2%，阅读网络文学也是深受网民钟爱的娱乐方式。第一，网络文学在内容创作方面，题材多样化，各大网络文学平台的热门作品，题材不再局限于玄幻、言情，科幻、历史、军事等均有覆盖。第二，国内的网络文学平台发展成熟，除了起点中文网、纵横中文网、潇湘书院、晋江文学城等网络文学网站，腾讯视频、爱奇艺、百度等均涉足网络文学领域，并推出网络小说阅读平台。第三，网络文学平台的海外业务得到发展。比如，移动阅读平台掌阅的作品已输出至全球100多个国家和地区，用户超过1000万。[①] 第四，出海业务不再局限于国产文学的出版授权、作品输出和IP改编，还签约了大量海外作者。

---

① 资料来源：人民网，《各大网络文学平台如何力推精品创作与开发?》。

（4）网络游戏发展步入成熟期，市场规模增速放缓。

从表4－1可以看出，2019年6月网络游戏的用户规模半年增长率仅为2.0%，相较其他网络娱乐应用的用户增长速度较慢，这是由于我国网络游戏市场发展进入了成熟期。纵观近年我国网络游戏市场的用户规模状况及行业收入情况，发现整体呈上涨趋势，但增速放缓，如图4－6、图4－7所示。① 随着智能终端设备的普及，微信小游戏、QQ游戏等在全民的应用，移动端游戏成了网络游戏行业发展的主要方向。2018年我国网络游戏（此处网络游戏主分三类：客户端游戏、网页游戏以及移动端游戏）用户规模达到6.3亿人，同比增长8.6%，游戏用户处于饱和状态。目前移动端网络游戏的范围更为广泛，有角色扮演类、休闲益智类、经营策略类、体育竞速类、动作射击类、棋牌桌游类，游戏的类型多元化、玩法不断升级，游戏厂商也更注重游戏品质和构建泛娱乐化生态体系。

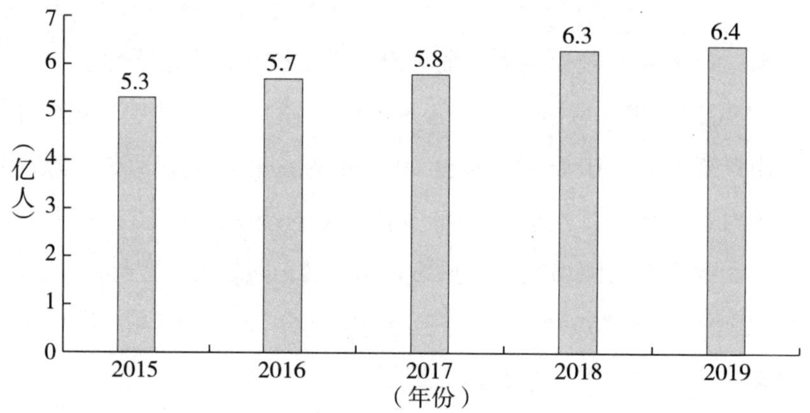

图4－6　2015—2019年中国网络游戏用户规模

（5）网络直播发展迅猛，电商直播浪潮高涨。

截至2019年6月，我国网络直播用户规模达43322万人，比2018年年底增长了3646万人，占网民整体的50.7%。其中真人秀直播、体育直播、游戏直播、演唱会直播用户规模分别为2.05亿人、1.94亿人、2.43亿人、1.16亿人，分别占网民整体的24.0%、22.7%、28.4%、13.6%，较2018年年底真人秀直播、体育直播分别增长4.3个百分点、1.5个百分点，游戏直播、演唱会直播用户规模较2018年年底基本持平。②

① 资料来源：中国产业信息网，《2019年中国泛娱乐产业现状及发展趋势分析》。

② 资料来源：第44次《中国互联网络发展状况统计报告》。

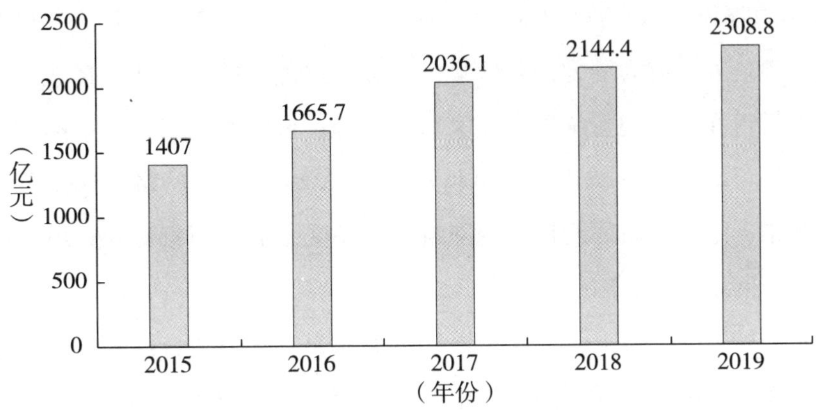

图 4-7 2015—2019 年中国网络游戏产业实际销售收入情况

目前，网络直播行业平台众多，直播内容多样化，除上述几种直播形式外，电商直播发展得如火如荼，淘宝、抖音、快手三家稳居电商直播领域的头部。2020 年受新冠肺炎疫情影响，全国各行各业开启了“线上模式”，线上教学、远程办公、线上卖货等，明星直播卖货、央视主持人公益直播助力湖北经济复苏、全国部分地区的市长、书记、县长等走进直播间参与助农直播活动，类似的新闻报道频频出现于公众视野。

二、娱乐业电商盈利模式分析

1. 以腾讯视频为代表的内容类平台盈利模式

内容类融合模式以内容为主，用户通过注册、付费等方式获取相应的权益，满足个人的精神需求，包括网络音乐、网络文学、网络视频（包括短视频）。典型的平台有以网易云音乐、QQ 音乐等为代表的音乐平台，以腾讯视频、爱奇艺、西瓜视频、抖音短视频等为代表的视频平台，以起点中文网、百度小说、喜马拉雅、荔枝等为代表的阅读、听书平台。下面以腾讯视频为例介绍其盈利模式。

2011 年 4 月腾讯视频正式上线运营，致力于打造国内领先的集热播影视、综艺娱乐、体育赛事、新闻资讯等为一体的在线视频媒体平台，通过 PC 端、移动端及客厅产品等多种形态为用户提供高清流畅的视频娱乐体验。2012 年 11 月 14 日，腾讯视频正式开通会员服务，用户可通过包月、包季等多种方式升级为 VIP 用户观看更多视频节目。目前，爱奇艺、腾讯视频稳居视频在线领域第一阵营，强势主导行业发展态势。

该模式的盈利方式主要是会员费、广告收入、版权分销。根据腾讯视频发布的

2019年度指数报告显示，腾讯视频全平台日均覆盖人数已超过2亿人，付费会员规模人数突破1亿人，成为继爱奇艺后又一付费会员破亿的视频在线播放平台。腾讯会员在付费后可在平台观看腾讯的独家影视资源、自制剧、当红歌手的演唱会、体育赛事直播等。2019财年腾讯全年总收入为3772.89亿元，网络广告收入为683.77亿元。近年来，随着互联网的普及，网络广告备受企业、商家青睐，纷纷将广告投放渠道聚焦于网络平台，因此广告收入一直是内容类平台的一大盈利方式。而随着网络小说不断被改编、搬上荧屏，版权分销也成为内容类平台盈利的一大方式。近年来，腾讯视频推出了如《微微一笑很倾城》《青云志》《如果蜗牛有爱情》《三生三世枕上书》等许多热门小说改编的影视剧，均收视飘红。

2. 以王者荣耀为代表的游戏类盈利模式

据中国出版工作者协会游戏出版物工作委员会数据，2019年我国游戏市场实际销售收入2308.8亿元，同比增长7.7%。其中移动游戏营销收入1581.1亿元，同比增长18.0%，成为拉动游戏市场整体增长的主要因素。① 随着我国游戏产业的发展壮大，逐渐形成了腾讯游戏、网易游戏占据游戏市场主导地位的局面，2019年中国热门游戏用户支出排行榜上，腾讯的王者荣耀、和平精英、完美世界，网易的梦幻西游、阴阳师、大话西游名列前茅，如表4-2所示。

表4-2　2019年中国热门游戏月活跃用户数及用户支出排行榜

2019年中国月活跃用户数排行榜			2019年中国用户支出排行榜		
序号	游戏名称	游戏开发商	序号	游戏名称	游戏开发商
1	王者荣耀	腾讯	1	王者荣耀	腾讯
2	开心消消乐	乐元素	2	梦幻西游	网易
3	和平精英	腾讯	3	和平精英	腾讯
4	欢乐斗地主	腾讯	4	完美世界	腾讯
5	迷你世界	迷你玩科技	5	阴阳师	网易
6	列王的纷争	智明星通	6	大话西游	网易
7	宾果消消消	MicroFunPlus	7	QQ飞车	腾讯
8	黑暗荒野2	Four Fats	8	率土之滨	网易
9	JJ斗地主	竞技世界	9	明日方舟	鹰角网络
10	汤姆猫跑酷	Outfit7	10	跑跑卡丁车	腾讯

资料来源：前瞻经济学人，https：//www.qianzhan.com/analyst/detail/220/200327－c52da0ad.html。

① 资料来源：前瞻经济学人，https：//www.qianzhan.com/analyst/detail/220/200327－c52da0ad.html。

电子商务与网络游戏的结合，催生游戏交易业务，如购买游戏点卡、游戏道具等，用户通过付费享受相应权益，体验更多的游戏乐趣。下面以王者荣耀为例介绍网络游戏的盈利模式。

“王者荣耀”由腾讯天美发行，于2015年11月26日在Android、IOS平台上正式公测，前期使用的名称是“英雄战迹”“王者联盟”。用户可通过QQ号、微信号进行登录，玩法以竞技对战为主，玩家之间可进行1V1、3V3、5V5等多种方式的PVP（Player Versus Player，玩家对玩家）对战。“王者荣耀”自上线以来，深受玩家喜爱，是网络游戏界手游市场的一款现象级的IP。同时“王者荣耀”的火热也衍生了“王者荣耀”移动电子竞技，职业赛事直播成为其重要组成部分。据统计，2019年腾讯“王者荣耀”营收约16亿美元。

通过游戏内广告、道具、升级等收费是游戏供应商盈利的主流模式。“王者荣耀”通过免费下载以及微信、QQ积累的庞大用户群体吸引大量玩家，这些玩家一部分消费能力低、消费欲望弱，当这部分群体积累到一定程度就能吸引到一些消费能力高、消费欲望强的玩家。同时，庞大的玩家群体又能吸引广告商来投放广告。“王者荣耀”的这种免费增值型盈利模式也是目前网络游戏运营商通常采用的方式。此外，“王者荣耀”还不断利用多种渠道开创新的游戏盈利模式，比如开发周边产品（玩偶、服饰、聊天表情包等）；举办“王者荣耀”电子竞技比赛，比赛转播平台、赛事现场门票、赞助商都为其带来了巨额利润。

3. 直播类平台盈利模式

伴随着互联网的发展，我国网络直播行业保持稳健发展，形成了以斗鱼、虎牙等为代表的游戏直播平台，以花椒、抖音、快手为代表的娱乐直播平台，以淘宝直播、京东直播、蘑菇街直播为代表的电商直播以及以直播吧、腾讯体育、章鱼TV为代表的体育直播，此外还出现了企业直播，如目睹、布马网络等。下面以抖音直播为例介绍直播类平台的盈利模式。

抖音于2016年9月上线，是一款音乐创意短视频社交软件，截至2020年1月5日，抖音日活跃用户数超过4亿，多数用户群体为“70后”到“00后”人群，覆盖各行各业，是国内最大的短视频平台，同时兼具直播功能。如今抖音直播平台俨然成为国内直播带货的主要平台，入驻的直播大咖有“口红一哥”李佳琪、锤子科技的罗永浩等。

网络直播平台的盈利模式主要有粉丝打赏、广告、商业合作、内容付费（品牌内容定制）等。每个直播平台上都有虚拟礼物打赏的功能，粉丝可为主播打赏礼物，平台与主播再分成，抖音直播也不例外。在抖音直播间，粉丝打赏礼物，主播可获得音浪，而音浪可直接提现为人民币。抖音直播卖货，买家一边观看直播视频，一边与主播沟通交流，下单购买商品，主播与平台都可获得利润。庞大的粉丝群体也吸引了广告商家聚焦直播平台的广告业务，通过直播中的广告植入，投放平台收获了广告费用。此外在游戏、教育等方面，直播平台通过直播优质的内容促使用户付费成为会员，也是平台盈利的一大方式。

课后拓展

自测共5题，学生通过自测了解自己对于知识的掌握情况并进行巩固。

1. 泛娱乐的概念最早由（　　）提出。答案：B

A. 马云　　B. 程武　　C. 马化腾　　D. 李彦宏

2. 泛娱乐行业不包括（　　）。答案：A

A. 旅游　　B. 在线阅读　　C. 网络视频　　D. 网络游戏

3. 下列不具有直播功能的平台是（　　）。答案：C

A. 虎牙　　B. 淘宝　　C. 腾讯视频　　D. 抖音

4. 下面哪一项不是腾讯视频的盈利方式（　　）。答案：C

A. 广告费　　B. 版权分销　　C. 粉丝打赏　　D. 会员费

5. 阴阳师是（　　）推出的一款手游。答案：B

A. 腾讯　　B. 网易　　C. 阿里巴巴　　D. 乐元素

项目小结

本项目围绕旅游、娱乐与电子商务这一主题，介绍了电子商务在旅游业、娱乐业的应用，让学生了解电子商务在旅游、娱乐方面的应用现状，清楚电子商务与旅游、娱乐融合的模式，知道有哪些典型的网站平台及其盈利模式，激发学生探索电子商务运用的兴趣，产生对祖国电子商务发展的自豪感，增强文化自信。

课程思政

在今天的中国，人们出门只需携带一部手机即可，乘坐公交车、地铁拿出手机扫一扫二维码；进入超市购物，使用手机自主选购、自主付款；假期游玩，用手机提前在网上订购机票、酒店、景点门票，还可查询旅游攻略，让我们玩得更轻松、更舒适；饿了，用手机下单点个外卖，很快就能送达……电子商务已融入我们生活的方方面面，衣、食、住、行、娱乐、教育等。

初识电子商务，感觉似乎就是满足人们的日常网购需求。如今电子商务的便捷性、经济性、安全性更为人们接受，它与旅游业、娱乐业的融合，促进了旅游电商、娱乐电商的发展，开创了旅游业、娱乐业新的经济增长点。去哪儿网、携程旅行网、途牛旅游网、马蜂窝……一大批优秀的旅游电商平台满足着人们旅游出行的各种需求，抖音、快手、腾讯视频、网易云音乐、喜马拉雅、网易游戏、腾讯游戏，各种各样的娱乐 App 丰富着人们的休闲生活。如今很多外国人也感叹于我国电子商务的发达，称在中国待习惯了回自己的国家反倒不习惯了。

2019 年 11 月 5 日，第二届中国国际进口博览会在上海开幕，会上发布了《2019 年全球电子商务数据报告》，报告显示，2018 年全球 28 个主要国家及地区的电子商务交易规模达 247167. 26 亿美元，网络零售交易额总计 29744. 6 亿美元。其中在交易规模上，排名前五的国家分别为美国 97760 亿美元、中国 47311 亿美元、日本 32400 亿美元、德国 16210 亿美元、韩国 14740 亿美元。而中国电子商务交易规模占 28 国总交易规模的 19. 14%。在网络零售交易规模上，排名前五的国家分别为：中国 13095 亿美元、美国 5200 亿美元、英国 2910 亿美元、日本 1790 亿美元、德国 1305 亿美元。其中，中国网络零售交易规模占 28 国总交易规模的 44%。不管是从交易规模还是网络零售交易规模来看，我国都是全球电子商务市场的重要组成部分。我国在电子商务发展与应用方面的创新，尤其是微信、支付宝的应用，全国物流系统的布局与建设更是为全球其他国家电子商务的发展起到了借鉴作用，在促进、引领行业发展方面发挥着积极意义。

项目五　网络教育与电子商务

项目导入

近年来，随着国家对网络教育支持力度的加大，以及网络用户对网络学习方式接受度的提高，网络教育平台用户规模快速增长。智研咨询发布的《2020—2026年中国在线教育行业市场消费调查及发展前景分析报告》指出：数据显示，2019年国内网络教育市场为1600亿元，预计2022年将达到3102亿元。庞大的网络教育市场空间正在吸引众多传统教育模式和互联网企业加速布局网络教育课程业务，让网络教育与电子商务的视域融合更加紧密。

学习目标

❖ 知识目标

1. 了解常见的网络教育电商平台。
2. 理解电子商务在网络教育中的应用。
3. 了解网络教育平台的运营模式。
4. 熟知网络教育电商平台盈利模式。

❖ 技能目标

1. 掌握网络教育电商平台的使用方法。
2. 能够应用电商搭建网络教育平台。
3. 能够运营网络教育电商平台。

❖ 思政目标

了解我国对网络教育电商平台发展的监管政策。

任务分解

本项目包含以下两个任务。

任务一　网络教育电商平台介绍

任务二　网络教育电商平台体验

本项目旨在引导学生认识网络教育行业的发展现状及趋势，对常见的网络教育电商平台有基本认知与了解，包括其运营模式、盈利模式。此外，结合案例对网络教育电商平台的使用方法做演示，并对如何应用电商搭建网络教育平台、运营网络教育电商平台等内容进行分析与介绍。

任务一　网络教育电商平台介绍

网络教育电商平台是以课程为虚拟商品，信息技术为基础所形成的新型电子商务模式。随着我国经济的发展，教育信息化得到了进一步提升，对网络教育电商平台的发展起到了促进作用，特别是在目前信息网络实现全面普及时期，人们越来越关注网络教育电商平台。本任务引导学生对我国网络教育的发展历程、现状及趋势进行了解，通过对网络教育与电子商务的融合；网络教育电商平台的运营模式、盈利模式等进行分析，帮助学生更好地理解网络教育与电子商务的相关知识。

课前自学

学生自行收集资料，了解网络教育相关知识，并自学本任务课中学习的知识内容，结合自学结果，以小组形式进行如下问题讨论。

（1）近年来，网络教育为什么越来越受到热捧？

（2）假如你要通过网络教育电商平台进行某门课程的学习，你会选择哪种平台或者同类平台中能引起你兴趣的是什么？

课中讲解

案例导入

掌门1对1是K12（Kindergarten Through Twelfth Grade，幼稚园至第十二年级）

在线1对1辅导领域的头部品牌，其总部位于上海，前身是2005年成立于深圳的线下辅导班“状元俱乐部”（2014年全面向线上转型，成立掌门1对1）。掌门1对1依托在线1对1教育模式、教学教研投入和技术优势逐渐构建行业壁垒，发展为头部企业。2018年11月，掌门1对1在保持学科辅导核心地位的基础上，正式发布掌门少儿和掌门陪练两大素质教育子品牌，如图5-1所示为掌门1对1官网首页。

图5-1　掌门1对1官网首页

掌门1对1业务发展迅猛。据官方公布，截至目前，累计注册学员人数已达1800万，3大品牌年营收总和达数十亿元人民币。融资表现也十分亮眼：2014年完成来自青松基金的天使轮融资，次年完成A轮融资；2016年3月、9月分别完成B轮、C轮融资；2017年7月、12月分别完成C+轮、D轮融资，2019年2月完成3.5亿美元E-1轮融资，由CMC资本、中金甲子、中投海外联合投资，某知名国际组织、Sofina SA、海通国际、元生资本等机构跟投，这是K12在线1对1全科辅导中迄今为止金额最高的一笔融资。

为了不断提升学生体验和效果，掌门1对1在数据积累、教研投入、人工智能应用方面做了很多尝试。经过持续的学生学习大数据积累，2018年掌门1对1升级了本地化课程研究院、个性化教育研究院、在线素质教育研究院三大教研院，提升了全科辅导业务的本地化和个性化水平；同时，掌门1对1学习系统面向学生推出了表情识别、智能推送等功能，面向教师推出了智能备课、智能批改等功能，并实现师生间的智能匹配。

（案例来源：艾瑞咨询研究院自主研究及绘制，《淘金时代结束：2018 中国在线教育行业发展研究报告》，https：//www. iresearch. com. cn/Detail/report? id =3336&isfree =0，整理、有删减和改编）

案例思考

网络教育盛行，网络教育产品也在各个细分领域全面开花，那么应该如何正确理解电子商务在网络教育中的应用?

一、初识网络教育与电子商务

网络教育是随着现代信息技术发展而产生的一种新型教育方式，它是兼容面授、函授和自学等传统教学形式，也是兼容多种媒体优化组合的教育方式。它突破了时空界限，有别于传统教学模式，不需要到特定地点上课，就可以随时随地完成课程的学习，即运用网络技术与环境开展教育。

我国对教育行业越来越重视，政府对于教育的财政投入也在逐年增加。据教育部统计，2018 年全国教育经费总投入为 46135 亿元，同比增长 8. 39%；2019 年全国教育经费总投入为 46143 亿元，同比增长 8. 41%。

依仗国家对教育行业的重视，我国网络教育行业发展也是如火如荼。在 2013 年前后进入热潮，如慕课、题库、家教 O2O、少儿英语等网络教育平台不断优化更替，51Talk、英语流利说、尚德机构等企业相继上市。那么，针对各种网络教育平台及产品的出现，其涉及的受众群体及领域，网络教育的发展历程、现状及趋势又是如何?

（一）教育行业领域

我国教育行业是一个年产值高达几万亿的大行业，涉及领域众多，并且互有交叉。艾瑞咨询研究院《淘金时代结束：2018 中国在线教育行业发展研究报告》中将教育行业划分为以下几个领域，如图 5 -2 所示。

当然，除了教育信息化是面向校内，消费者是学校或政府，其他领域均面向校外，且消费者是个体或机构。

图5-2 中国教育行业细分领域划分

（二）网络教育发展历程

互联网传入中国后，各种互联网产业开始风生水起，如新闻门户、社交、游戏、视频、外卖、出行等领域。教育是互联网渗透较慢的一个行业，但起步并不晚，我国网络教育行业发展可分为四个阶段：萌芽阶段、摸索生存阶段、快速成长阶段、初步成熟阶段。①

1. 萌芽阶段（20世纪90年代中—2005年）

此阶段互联网刚传入中国，网络运力低，产品体验差。国家批准68所高校为全国现代远程教育试点院和1996年弘成101网校的上线运行成为此阶段行业萌芽的标志性事件。

2. 摸索生存阶段（2006—2012年）

这个阶段，网络带宽有所提升，视频课件渐成主流，企业商业模式处于摸索过程中，新东方在线、沪江等网校上线运行。

3. 快速成长阶段（2013—2017年）

互联网、移动互联网的发展、带宽的扩容带动技术升级，创业企业数量和流入资金金额飞涨，产品和模式相关热点不断更替，商业模式不断探索，直播课出现，打通商业模式。

4. 初步成熟阶段（2018年至今）

此阶段，资源整合、技术进步和服务升级带动服务模式持续创新，市场格局初步形成，同时网络教育政策监管也开始趋严。

（三）网络教育发展现状及趋势

对网络教育发展现状及趋势做以下整理和分析。

① 资料来源：艾瑞咨询研究院，《中国在线教育行业发展研究报告》。

1. **网络教育市场规模及趋势**

智研咨询整理的数据显示，2019 年中国在线教育市场规模达 1600 亿元，预计 2022 年将达到 3102 亿元，2017—2022 年复合增长率达到 26%，如图 5－3 所示。

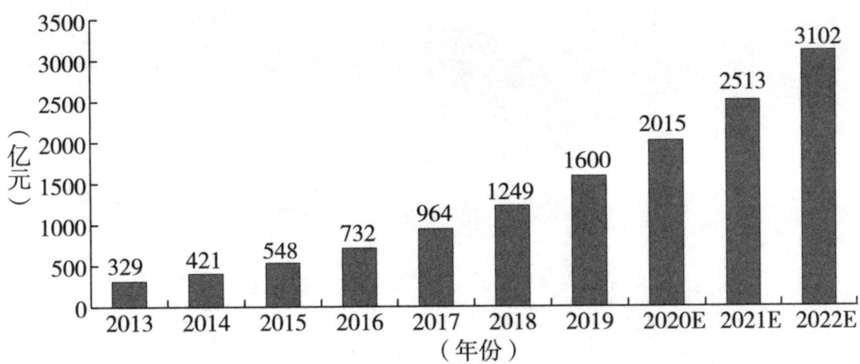

图 5－3　2013—2022 年中国在线教育市场规模及预测

增长势头保持稳健，用户对网络教育的接受度不断提升、在线付费意识逐渐养成以及线上学习体验和效果的提升是网络教育市场规模持续增长的主要原因。

2. **网络教育用户规模及趋势**

根据中国互联网络信息中心（CNNIC）数据统计，截至 2020 年 6 月，我国在线教育用户规模达 38060 万人，较 2020 年 3 月减少 4236 万人，占网民整体的 40.5%，如图 5－4 所示；手机在线教育用户规模达 37668 万人，较 2020 年 3 月减少 4355 万人，占手机网民的 40.4%。

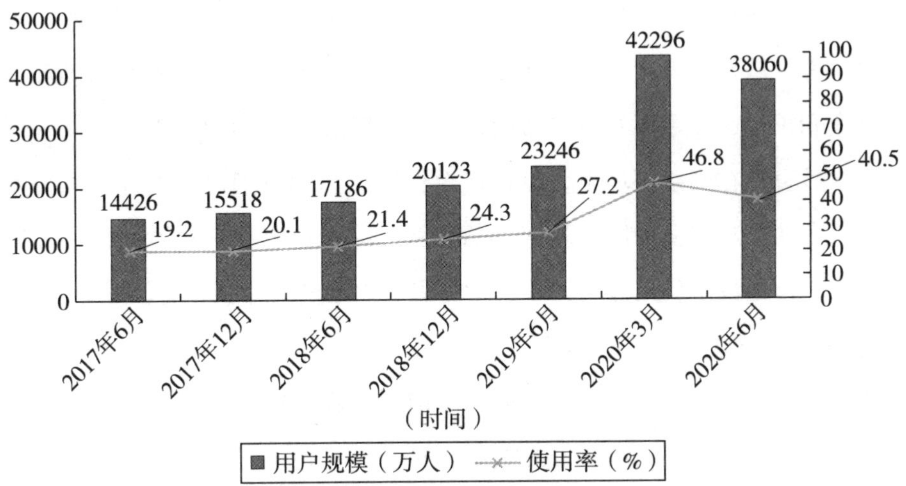

图 5－4　2017 年 6 月—2020 年 6 月在线教育用户规模及使用率

资料来源：CNNIC 第 46 次《中国互联网络发展状况统计报告》。

3. **网络教育细分市场规模及趋势**

从在线教育细分市场来看，在线职业教育市场规模最大，K12在线教育和在线语言培训规模紧随其后，其分别占28.9%、24.8%、24.4%，如图5-5所示。

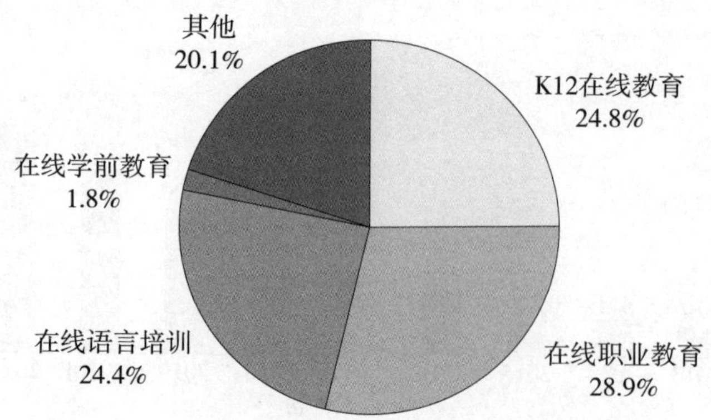

图5-5 2019年中国在线教育细分市场规模分布

预计2022年K12在线教育市场规模达到790亿元，中国在线职业教育市场规模达到726亿元，中国在线语言培训市场规模达到876亿元，中国在线学前教育市场规模有望达到59亿元。①

（四）网络教育与电子商务融合

电子商务是社会和科技发展的必然结果，也是网络应用的主要发展方向。其包含两方面，电子方式和商贸活动。一般来说电子商务是指利用电子信息网络等电子化手段进行的商务活动，是指商务活动的电子化、网络化。广义而言，电子商务包括通过电子方式进行的各项活动。随着信息技术的发展，电子商务的内涵和外延也在不断充实和扩展，并不断被赋予新的含义，开拓出更广阔的空间。

而网络教育是在网络环境下，以现代教育思想和学习理论为指导，充分发挥网络的各种教育功能和丰富的网络教育资源优势，向教育者和学习者提供一种网络教与学的环境，传递数字化内容，开展以学习者为中心的非面授教育活动。

1. **丰富教学资源**

丰富的教学资源是网络教育平台成功的前提，教学资源加上专职教师的在线辅导正是网络教育的基础。对教学资源进行再扩充，构建丰富的教学资源库，才能吸

① 资料来源：智研咨询，《2019年中国在线教育市场规模发展现状及商业模式评价分析［图］》。

引更多用户，拓展大众市场。

2. **构建用户信息库**

构建用户信息库对网络教育也是十分重要的。各种网络教育平台除了自身软硬件设施的发展，还要加强对用户信息的管理。如对各类用户要分门别类地建立用户信息库，包括记录用户年龄、年级、学习内容侧重点、在线学习时长等信息。还可根据用户信息给老用户发送课程预告，对点击率高的课程资源进行优化，对在线学习时长较长的用户提供新课程费用折扣等。这些措施都能加强对用户的管理，提高用户忠诚度。

3. **引入新型营销理念**

引入新型的营销理念，提高电子商务在网络教育中的发展速度。例如，可以在营销时引入体验式营销理念，通过采用让目标用户观摩、聆听、试用等方式，使其亲身体验网络教育电商平台提供的产品或服务，让用户实际感知产品或服务的品质或性能，从而促使用户购买的一种营销方式。

4. **加强安全管理**

电子商务安全是人们关注的焦点，在网络教育中应用电子商务自然也存在这一问题。因此，网络教育电商平台应该采用各种安全措施保护用户信息，防止用户信息泄露，使电子商务交易双方都受到保护。

此外，即时消费的方式已成为电子商务在网络教育消费方式的发展方向，在网络教育电商平台上实施电子支付安全与否也是用户关注的重点问题。这种无形的教育商品具有很强的虚拟性和开放性，在网上支付费用时往往无法对消费者进行有效的保护，比如对课程质量不满意，如何退货？也是电子商务在网络教育应用时要解决的问题。因此，电子商务的安全问题需要通过综合运用各类电子商务安全技术，以及建立健全的电子商务安全机制和相应的法律法规来不断改进和完善。

二、了解网络教育电商平台

（一）常见的网络教育电商平台

面对用户对网络教育课程需求的不断变化，网络教育课程服务模式呈现多元化发展趋势。目前，从业务领域来看，常见的网络教育电商平台可分为以下几类。

1. **综合平台类**

如腾讯课堂（腾讯课堂首页如图 5－6 所示），腾讯课堂是腾讯推出的专业网络教育平台，聚集了大量的优质教育机构和名师，下设职业培训、公务员考试、托福雅思、考证考级、英语口语、中小学教育等众多在线学习精品课程，打造老师在线上课教学、学生及时互动学习的课堂。

图5-6　腾讯课堂首页

2. **语言学习类**

如沪江网校（沪江网校首页如图5-7所示），沪江网校的品牌Slogan（标语）：学外语，上沪江网校。沪江网校是沪江旗下海量优质课程平台，以社群学习为核心，为用户提供丰富、系统的课程和专业教学服务，其中包括大学英语、留学、考研、口语、12国外语等课程。

图5-7　沪江网校首页

3. 幼儿教育类

如火花思维（火花思维首页如图 5 - 8 所示），火花思维是一款专注于儿童数理思维启蒙和专注力训练的网络教育电商平台，资深教研教师团队，100% 原创课程寓教于乐，提升孩子数理逻辑等成长的关键能力。

图 5 - 8　火花思维首页

4. 职业培训类

如嗨学网（嗨学网首页如图 5 - 9 所示），嗨学网是中国最大的网络职业培训平台，提供的产品有一级建造师、二级建造师、注册会计师、会计证、会计职称、自考、司法考试等各类网上培训课程。

图 5 - 9　嗨学网首页

5. 素质教育类

如易家学府（易家学府页面如图 5 - 10 所示），易家学府是一款专门为幼儿打造的一款国学教育平台，在易家学府平台上可以学习到各种传统文化知识。

图5-10 易家学府页面

当然，网络教育电商平台不局限于以上业务领域，还有其他领域，因为随着互联网知识用户需求不断更新，促使网络教育市场更加细分、产业规模也不断增长，因此网络教育电商平台业务领域发展前景更为广阔。

（二）网络教育电商平台的运营模式

将网络教育和电子商务结合起来，更新网络教育的运营模式，拓展教育消费市场，对我国电子商务发展和全民教育普及都有着重要意义。按照网络教育平台的教育模式，可以将运营模式分为如下四种。

1. 线上线下运营模式

互联网时代，线下教育机构开始在线上开展网络教育授课，或者原本在线上做教育的企业开始发展线下教育，打通线下和线上平台。这种将线上和线下相结合的在线教育模式就是O2O模式，如图5-11所示。

如家教O2O形式，通过免费内容或者运营，让线上平台获取用户和流量，将用户吸引到线下开课，或者让学员到加盟的线下机构上课。家教O2O可以充分挖掘线下资源，将具有不同教学特色、不同教学方式的教师信息及用户评论通过平台展现

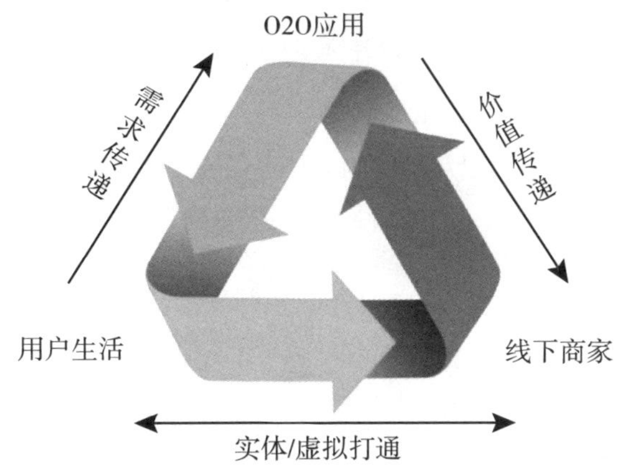

图 5－11　网络教育线上线下运营模式（O2O）

给用户。用户端拓展了选择，消除了信息不对称；教学端帮助机构/教师提高曝光度，降低运营成本，为中小机构以及个体教师增加了机会，提高了竞争力。

2. **直播运营模式**

网络教育电商平台应用直播运营模式开拓新市场，直播能够在一定程度上解决用户沉浸问题，提升体验和效果。如图 5－12 所示为掌门 1 对 1 的“AI 老师直播”模式上课界面。

图 5－12　AI 老师直播模式

3. **体验式运营模式**

网络教育的核心产品是课程，为了争夺用户，网络教育开始采用体验式营销策略，低价课就是这一策略的直接表现。通过购买低价课，将用户引到私域流量池，体验教学和服务质量。

获客后的运营以微信营销为主，通过“服务号 + 课程社群”的组合进行培育。当用户购完低价课，平台会引导用户添加服务号，收到兼具转化属性的各类内容，持续运营以打消用户疑虑，最终完成高客单价购买。以长投学堂为例，充分利用理财号大 V 的优势，运用“微信朋友圈投放 + 社群运营”模式获客，如图 5 – 13 所示。

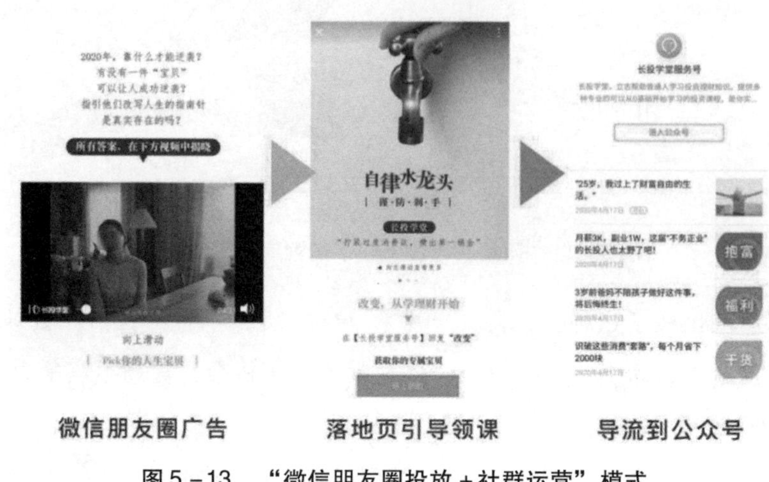

图 5 – 13　“微信朋友圈投放 + 社群运营”模式

4. 人工智能与营销人协作模式

人工智能推动了教育行业的各类创新，优质的 AI 客服，引导转化的逻辑流畅，仿真人工服务的体验好，几乎不给用户太多思考时间，并会根据用户的疑虑作出精细反应，内容的自动生成使得虚拟服务的品质决定了真实转化率。

（三）网络教育电商平台的盈利模式

网络教育的盈利点是通过互联网平台为用户提供个性化服务，同时具有不可替代性，让其具有付费价值。目前，常见的网络教育电商平台盈利主要依靠内容收费、平台抽佣、会员服务、广告收费以及定向增值。大部分平台的盈利点主要是抽佣和广告收费，而教育产品则主要依靠内容收费，只是将传统线下教育的销售渠道和使用场景搬到了线上。

1. 内容收费

内容收费是网络教育电商平台普遍的一种盈利模式，通过向 C 端用户售卖课程内容，如学习资料、录播课程等实现盈利。

2. 会员费

会员费是为解决 B 端课程维度多、内容广而导致 C 端用户选择困难这一痛点而实现的盈利模式。网络教育电商平台将选择的权利交给用户，让用户自主选择课程，付费后的用户可以在一定时间节点内对网络课程随时观看、收听。

3. **增值服务**

增值服务是指网络教育电商平台上可提供一体化的课程录制以及辅导工作，这是目前网络教育电商平台常采用的一种增值服务方式。比如，“保姆式”增值服务，制订备考方案、课后答疑解惑、批改申论试卷、点评模考试题、职位报考指导、考前心理辅导等，都属于增值服务。

课后拓展

自测共5题，学生通过自测了解自己对于知识的掌握情况并进行巩固。

1. 我国教育行业可划分为（　　）领域。答案：C

A. 5个　　B. 6个　　C. 7个

2. 我国网络教育行业发展历程中，摸索生存阶段是在（　　）。答案：A

A. 2006—2012年　　B. 1990—2005年

C. 2006—2014年

3. （多选题）网络教育的核心产品是（　　），为了争夺用户，网络教育开始采用（　　），低价课就是这一策略的直接表现。答案：BC

A. 内容　　B. 课程　　C. 体验式营销策略

4. 在网络教育中应用电子商务，体现在（　　）方面。答案：A

A. 丰富教学资源　　B. 增加客户量

C. 提高转化率

5. 常见的网络教育电商平台可分为（　　）类。答案：C

A. 6　　B. 4　　C. 5

任务二　网络教育电商平台体验

课前自学

学生自行收集资料，对比传统教育和网络教育电商平台的优劣势，思考如下两个问题。

（1）你会选择通过网络教育电商平台学习所感兴趣的领域知识还是选择传统教育方式?

（2）若选择其中一种，你的理由是什么?

课中讲解

案例导入

沪江网诞生于2001年，自2006年开始公司化运营，是全国最大的互联网学习平台。沪江网现已成为影响力辐射2亿名学习者、8000万用户、300万名学员的大型互联网教育企业，在行业居于领先地位。

沪江网多年来一直致力于与国内外的同盟一起为全世界亿万学习者提供优质的学习资源。旗下业务包括教育门户网站、网络SNS社区、教育电商平台以及国内首创的在线互动教学平台沪江网校等。学习内容涵盖10多种语言、中小学教育、亲子启蒙、职场技能、艺术兴趣等，产品覆盖电脑端、平板端、手机端及电视端，为3岁到70岁全年龄段人群提供全方位的学习服务。

沪江网把握住了中国互联网产业进入高速成长期的商业背景，并且采取了“将网络作为分销渠道，吸引习惯于通过网络和计算机学习的用户群体”这有别于传统教育模式的发展之路。据最新消息，沪江网获得了1亿美元的C轮融资，创下国内在线教育领域最大单笔融资纪录，其品牌估值达60亿元人民币。2014年，沪江网斥资千万美金，发布历时三年打造的OCS3.0系统，突破了以往互联网教学的三大技术难题：实时云同步、智能加载及个性化学习。目前OCS3.0系统的使用人数已达到了300多万人。

（案例来源：百度百科，沪江网，https：//baike.baidu.com/item/%E6%B2%AA%E6%B1%9F%E7%BD%91/5387920？fr=aladdin，有删减和改编）

案例思考

请结合案例背景，思考沪江网能够如此成功，取决于什么?

一、网络教育电商平台使用方法

由于网络教育电商平台已逐渐由 PC 端转移至移动端，为顺应互联网社会发展趋势及潮流，这里以沪江网校 App 为例，介绍平台使用方法。

步骤 1：手机进入应用商店，搜索、下载“沪江网校”，并安装，如图 5－14 所示。

图 5－14　沪江网校 App 下载页面

步骤 2：打开沪江网校 App，注册账号，如图 5－15 所示。

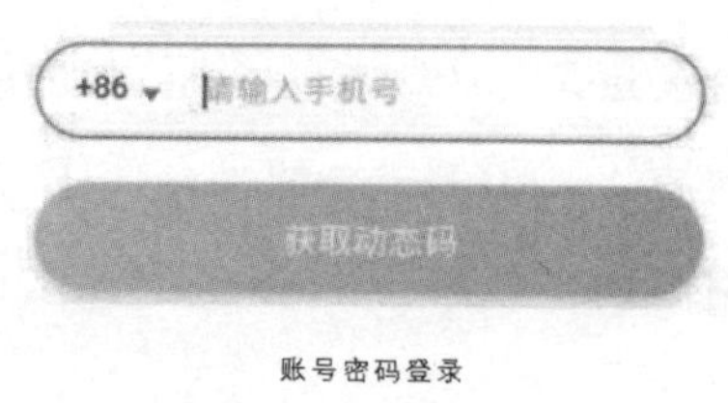

图 5 – 15　注册账号页面

步骤 3：首次登录会赠送新人礼包，在首页可根据需要选择学习模块，也可进入选课指南，定制专属学习计划，如图 5 – 16 所示。

图 5 – 16　领取新人礼包选择学习模块及定制专属学习计划页面

步骤 4：在首页找到对应班级并点击进入，找到需要学习的课程并下载，下载完成后点击课件进行播放，操作流程如图 5 – 17 所示。

图 5－17　操作流程

步骤 5：播放课件，课件播放界面功能介绍如图 5－18 所示。

图 5－18　课件播放界面功能介绍

课件中可以进行答疑，操作介绍如图 5－19 所示。

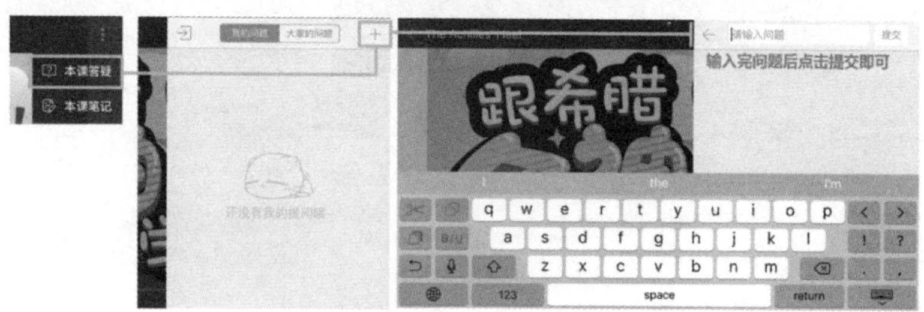

图 5－19　课件答疑操作介绍

课件中还可以添加笔记，操作介绍如图 5－20 所示。

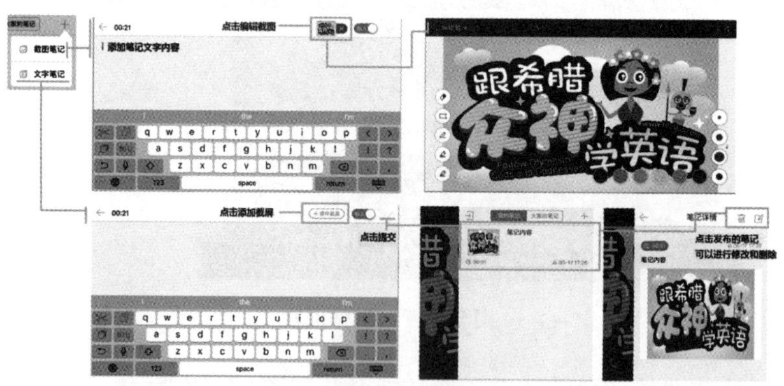

图 5－20　课件添加笔记操作介绍

步骤 6：选课中心。点击下方“课程”，可以查看网校的课程，另外在课程介绍页面中选择课程大纲，可以下载课程的试听课件进行试听，选课流程如图 5－21 所示。如果需要购买课程，点击进入需要购买的课程后，点击下方“购买课程”并且点击“立即购买”，输入正确手机号以及真实姓名，点击“确认”就会跳转到支付页面（操作流程如图 5－22 所示），付款完成后就可以进入班级下载课件学习。

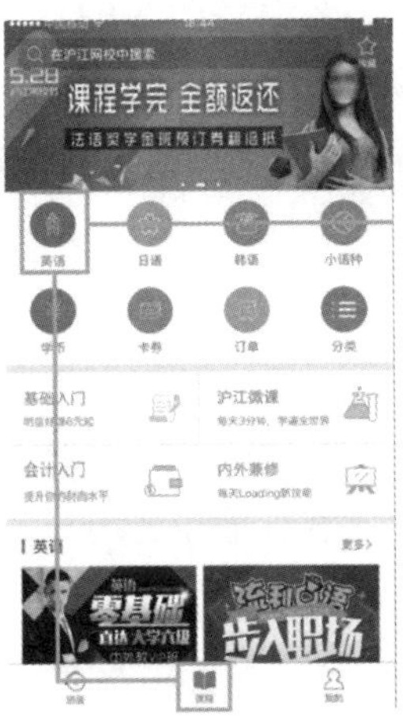

图 5－21　选课流程

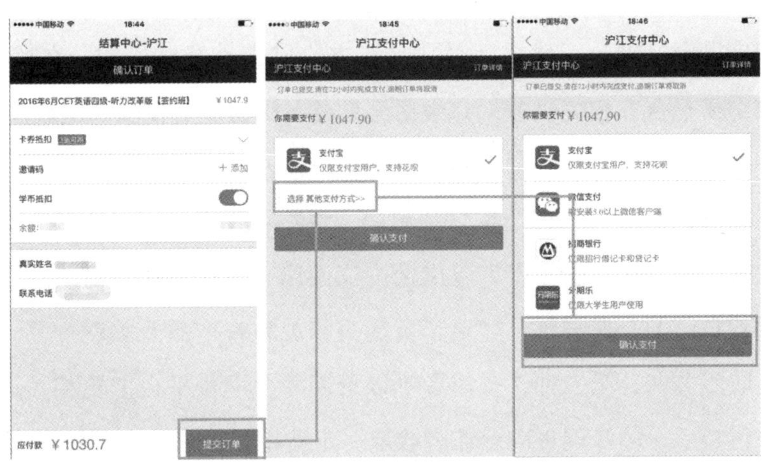

图 5－22　支付操作流程

二、应用电商搭建网络教育平台

以“沪江网”为例，对其如何应用电商搭建网络教育平台做以下分析和介绍。

1. 合理利用教学资源

2001 年上海互加文化传播有限公司（沪江网的创办方）创立其专属的英语学习网站——沪江语林网。依靠其在英语教育方面的资源优势，向用户提供免费的网络学习资源，达到积累高访问量和注册数的目的。

2. **按点击量收费**

2003年沪江网正式上线，并与搜狐、新浪等主要门户网站达成英语教学专栏的合作协议。根据协议，沪江网为主要门户网站的英语学习栏目提供教育资源，并且根据点击量收取相应的费用。通过战略合作，沪江网借助门户网站的巨大访问量，推广并扩大沪江网的影响力，迅速发展成为英语培训类的门户网站。

3. **发展会员**

目前，沪江网已发展成为拥有两亿名用户，千万名会员，市值十亿元以上的知名大型互联网企业。沪江网千万量级的注册用户在英语方面是业界第二名规模的三倍以上，日语方面甚至超越所有竞争对手注册用户数量的总和。

三、运营网络教育电商平台

以沪江网为例，沪江网整合教育资源，建立“阶梯式”的平台运营模式。

1. **建立网络交易平台，收取B2C交易费用**

沪江网借助网络平台，建立针对交易双方收取交易费用模式。在这种模式中，沪江网提供交易平台和相关服务，并根据流量或者交易价格收取一定数额的服务费。其提供服务的方式，包括在线浏览和提供下载服务。

在沪江英语推出的“内容合作”项目中，潜在合作者可通过两种方式和沪江网建立合作关系。第一种，合作者可以借助沪江网络平台，在通过身份认证后，与学员互动并运营自己的专属部落，如果学员购买相关教育产品及关联产品，沪江网将向合作者收取服务费；第二种，合作者可以录制并在网校平台上传相关课程，学员选择课程并付费后，沪江网再向合作者收取一定费用。

2. **催生移动增值业务**

沪江网在B2C模式的基础上率先推出共建型学习社区，用户使用模式从单纯的“读”发展为“写”，社区用户角色从被动接收互联网信息的“听众”，转变为互联网信息的主动“创造者”。充分体现“互动性”和“参与性”的共建型社区，极大地激发了网络用户的参与积极性。随着互联网的移动接入条件越来越成熟，充分满足网络互动性的新版社区为移动增值模式提供了更加方便使用、有效的内容服务模式，从而催生移动增值业务，吸引有意愿学习英语等语种的移动用户进入社区进行互动。

3. **形成链接盈利业务**

基于 B2C 平台和互动学习社区，沪江网发展成为英语教育的门户网站。沪江网以页面链接的形式提供教育机构信息与招生资讯，协助销售相关课程或者链接到对应教育机构网站，并以此抽取佣金或者与教育机构进行利润分成。

另外，沪江网创立教育点评模式，通过鼓励用户发布原创内容，评价各类教育机构，从而聚集相对独立的教育资讯，以此来吸引教育机构投放广告甚至进行战略合作。

4. **分享赚钱**

沪江网首页有一栏是“分享赚钱”，点击可进入推广联盟页面，如图 5－23、图 5－24 所示。

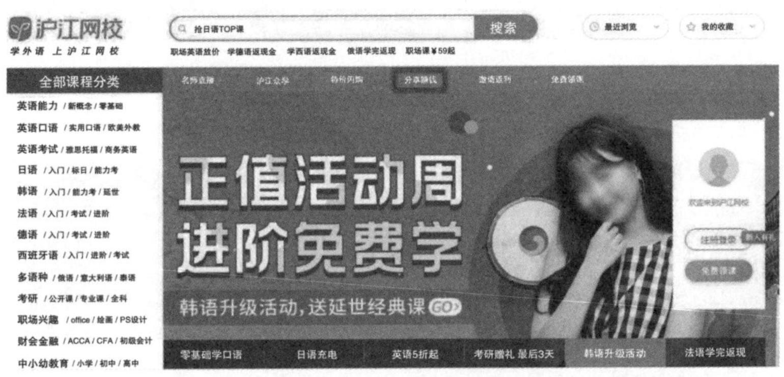

图 5－23　分享赚钱栏

图 5－24　推广联盟

分享赚钱就是通过获取沪江网校某一课程或是其他相关信息对应的广告代码，再利用相关媒介平台、营销平台进行推广，从而获取一定收益。这种运营模式加大了沪江网平台的推广力度及曝光度。

5. 邀请返利

通过沪江网首页的“邀请返利”，进入沪江网校学员专享福利页面，如图5-25、图5-26所示。

图5-25 邀请返利栏

图5-26 学员专享福利

可根据活动规则，完成邀请好友来学习，从而实现返利或是获取相应返利学币。这种模式同分享赚钱类似，都是利用口碑营销的模式，提升沪江网的知名度。

6. 打造“交互化”和“个性化”的VIP课程，吸引高端学员

沪江网校针对高端学员开设体现“交互化”和“个性化”的VIP课程。一方面，基于在线客服系统，沪江教师与学员之间通过网络全方位交流，可使教师与学员间的交流机会增多和范围扩大，并通过互联网对学员提问类型、人数、次数等进行统计分析，使教师了解学员在学习中遇到的疑点、难点和主要问题，更加有针对性地指导学员；另一方面，在线客服系统为 VIP 学员提供 24 小时在线答疑服务。同时，在线客服系统会根据学员的问题，对其学习习惯和能力进行评估，提供个性化学习方案。

相应地，沪江网校对 VIP 课程采取“适当高于普通网络课程，但低于同类面授课程”的定价策略，从而有效吸引有一定经济实力，但无法保证固定学习时间的客户群体，使沪江网校顺利打进中高端英语培训市场。同时，由于这部分客户群体相对稳定，也保证了沪江网络教育电商平台获得持续性盈利。

课后拓展

同学们在手机应用商店里搜索火花思维在线互动直播教育平台 App，并下载安装。进入火花思维平台浏览熟悉平台模块、功能体验及申请免费试听课，并结合互联网收集相关资料，总结火花思维网络教育平台的特色及运营模式，完成表 5－1 的填写。

表 5－1　　特色及运营模式

<table>
<tr><td rowspan="6">火花思维
网络教育平台</td><td colspan="3">特色</td></tr>
<tr><td>1</td><td>2</td><td>3</td></tr>
<tr><td></td><td></td><td></td></tr>
<tr><td colspan="3">运营模式</td></tr>
<tr><td>1</td><td>2</td><td>3</td></tr>
<tr><td></td><td></td><td></td></tr>
</table>

项目小结

本项目围绕网络教育与电子商务展开，认识网络教育，了解网络教育发展历程、现状及趋势，理解网络教育与电子商务融合的必然性，对常见网络教育电商平台按照业务领域进行分类，并对其运营模式、盈利模式有深刻的理解，此外，结合案例引导学生掌握网络教育电商平台的使用方法，并对如何应用电商搭建网络教育平台和运营网络教育电商平台有系统认知。

课程思政

网络教育是“互联网+”和教育信息化的一部分，受到政策鼓励，但这不意味着政府会放任网络教育企业肆意发展。

政策不断加码网络教育监管，不符合规定的网络教育机构需要进行备案和整改，导致一些中小网络培训机构出现生存危机，而大型机构则抓住机遇抢占中小机构的份额。一些传统教育领导者、互联网机构等也进入网络教育细分市场，预计未来网络教育市场的集中度可能会逐渐加大。2020年暴发的新冠肺炎疫情使得网上教育平台迎来了新的发展契机，但参与者数量、行业竞争也将进一步加剧。

2018年11月，《关于健全校外培训机构专项治理整改若干工作机制的通知》明确提到，线上培训机构所办学科类培训班的名称、培训内容、招生对象、进度安排、上课时间等必须在机构住所地省级教育行政部门备案。

2019年7月，《教育部等六部门关于规范校外线上培训的实施意见》指出，须对培训机构、培训内容和培训人员等进行备案，不得聘用中小学在职教师。从事K12培训的人员应当具有国家规定的相应教师资格，聘用外籍人员须符合国家有关规定。

2019年9月，《教育部等十一部门关于促进在线教育健康发展的指导意见》明确提到，鼓励社会力量举办在线教育机构；鼓励学校加大在线教育资源开发和共享力度；鼓励产学合作。

2020年1月，《教育部：利用网络平台，“停课不停学”》表示，拟于2月17日开通国家网络云课堂，以“一师一优课、一课一名师”项目获得部级奖的课程资源为基础，吸收其他优质网络课程教学资源，供各地学校组织学生开展网上学习。

（案例来源：智研咨询 http：//www.chyxx.com/industry/202002/832888.html，有删减和改编）

项目六　移动电商

项目导入

一部手机，满足了人们衣、食、住、行、娱乐各方面的需求，移动电子商务的身影在我们的生活中随处可见。本项目重点介绍移动电商的概念、特点、发展现状、热门 App、移动购物流程及移动店铺的开设流程，培养学生灵活运用移动电商平台，体验移动电商的特性。

学习目标

◈ 知识目标

1. 掌握移动电商的概念。
2. 理解移动电商与电子商务的区别及其特点。
3. 了解移动电商的发展现状。
4. 了解“互联网+”、互联网思维与互联网经济。

◈ 技能目标

1. 能够区分移动电商与传统电商。
2. 能够辨析不同移动电商 App 的优缺点。
3. 能够灵活应用不同的移动电商平台进行购物。
4. 掌握移动电商网店开设的操作步骤。

◈ 思政目标

了解我国“互联网+农业”的相关政策。

任务分解

本项目包含以下三个任务。

任务一　移动电商概述

任务二　移动电商热门 App 介绍

任务三　体验移动电商——手机购物及应用

本项目通过对移动电商的概念、特点、发展现状、热门 App、购物流程、开店流程等知识的介绍，引导学生实践运用移动电商平台，掌握移动电商的基本知识。

任务一　移动电商概述

随着移动互联网技术及智能终端设备的发展，移动电子商务迎来了高速发展期。什么是移动电子商务？它与传统的电子商务相比，区别在哪里？有什么特点？我国移动电商的发展现状如何？该任务围绕这些问题，重点讲述移动电商的概念、特点、发展现状以及“互联网 +”、互联网思维与互联网经济。

课前自学

学生自学本任务的知识内容，并收集资料加深对移动电商的理解，回答如下问题。

（1）生活中，你都接触过哪些移动电商活动？请举例说明。

（2）与传统电子商务相比，移动电商有哪些显著优势？

课中讲解

案例导入

全国人大代表梁倩娟：以直播带货打开电商扶贫新局面

一部手机、一张桌子、一堆核桃，大山里的一户农家院里，梁倩娟正在向全国各地的朋友直播家乡的土特产老树核桃。“这些核桃都是从农户家收来，我们再精选出来的。纯天然，可以放心给孩子吃。”她一边夹核桃吃，一边回复网友的问题。

看上去像是普通农家女的梁倩娟，其实是陇南远近闻名的电商扶贫带头人和第十三届全国人大代表。几年前，她回到家乡甘肃省陇南市徽县水阳镇石滩村，开起了网店，1 年前又通过短视频和直播带货打开了电商扶贫的新局面。

2019 年，梁倩娟在快手售出的农特产品超过 50 吨。她借助陇南农村电商快速发展的契机，挖掘农产品资源，将家乡土特产销往全国各地，成为带动周边群众脱贫致富的中坚力量。

至今，通过在快手录短视频和直播，梁倩娟积累了近 13 万粉丝。相比图文，短视频和直播更加真实、直观，能在短时间聚集海量需求，迅速消化大批量的当季农产品。梁倩娟在快手上平均每天有上百个订单，多的时候更是达到上千单。

梁倩娟也到处和人“安利”直播，她劝说局限于传统电商的农户注册快手账号，还让市委书记也注册。目前，陇南市快手短视频活跃用户近万人，粉丝数达 10 万以上的用户超过 40 人。

陇南市的许多人和梁倩娟一样因短视频转变了发展思路。比如快手中拥有 45 万粉丝的短视频网红成县“鸡司令”尚育康，借助网络的力量出售自己养殖的“贵妃鸡”，宕昌“党参西施”王朋艳创办了农民专业合作社，经营农特产品加工销售及土蜂养殖，通过拍摄短视频来增长粉丝，开拓销售渠道。

梁倩娟认为，产业发展是扶贫工作的重中之重。陇南农民因为直播培养起了市场意识，通过这一方式他们能更直观地感受到用户需求，从而提供适销对路的产品和服务。

（案例来源：中国新闻网，《全国人大代表梁倩娟：以直播带货打开电商扶贫新局面》，http：//www. chinanews. com/business/2020/03 －27/9139160. shtml，节选整理）

案例思考

结合案例分析：短视频、直播带货对移动电商的发展有何意义？

一、认识移动电商

1. 移动电商的概念

移动电子商务是指通过利用智能手机、PDA（Personal Digital Assistant，掌上电脑）等无线终端进行的 B2C、C2C 或 O2O 等模式的电子商务。

移动电子商务是传统电商发展到特定阶段的又一产物，其本质还是电子商务。

通俗地说，移动电子商务能够使人们不受时空限制，随时随地通过移动终端在无线通信环境下进行各种各样的商务活动，如在线购物、手机银行、订票、在线学习等。移动电子商务已普遍应用于人们的日常生活，为人们的生活、学习、工作、娱乐等带来极大的便利与舒适的体验。

2. 移动电商的特点

与传统的电子商务相比，移动电子商务具有以下特点。

（1）突破时空限制，随时随地做生意。

传统的电子商务利用电脑进行商务活动，受到时间、空间、网络等的限制，而移动电子商务利用无线终端设备从事各种商务活动，只要有无线网络覆盖，就可随时随地进行商务活动，具有无处不在、随意灵活的显著特点，极大地满足人们需求。

（2）便捷性，满足及时性应用需求。

移动电子商务主要利用的是无线终端设备——手机、平板电脑等，携带方便，当用户有电子商务应用需求时即可及时使用，快速地获取所需要的各类信息和服务，节省交易时间，提高商务效率。

（3）个性化服务。

随着移动电子商务应用领域的不断拓展，业务范围涵盖商务活动的各个环节，基于互联网大数据的应用，消费者可以轻松地根据自己的喜好和需求进行个性化服务设置。

（4）身份认证便利。

传统的电子商务，用户的信息一般很难确认，而移动电子商务基于移动终端设备，这些终端通常属于个人所有，用户的个人信息被内置在移动设备中，用户的相关信息更容易被收集和处理。而且基于移动设备用户位置信息的相关性特点，移动电子商务应用在与用户的交互过程中能达到很高的个性化程度，满足用户对应用和服务的个性化、差异化要求。

（5）交易更安全。

移动支付是移动电子商务的一个重要方面，用户基于手机可完成移动购物、网络银行业务、生活缴费等各种交易服务。随着技术的发展，移动支付需要通过多方面的生物特征如指纹、脸部特征等来完成认证，更确保了交易的安全性。

（6）易于技术创新。

移动电子商务涉及智能终端设备研发、无线通信、无线接入、移动支付等众多技术，且随着移动电子商务的深入发展，更具多元化、复杂化，更易于促进领域内新技术的研发。

二、我国移动电商的发展现状

1. 互联网普及率高，提速降费促进移动电商发展

截至2019年6月，我国手机网民规模达8.47亿人，较2018年年底增长2984万，网民使用手机上网的比例由2018年年底的98.6%提升至99.1%。与五年前相比，移动宽带平均下载速率提升约6倍，手机上网流量资费水平降幅超90%。[①] 提速降费为用户应用移动电子商务节省了资金、提升了应用体验效果，促进了移动电子商务的良性发展。

2. 各类移动电商应用快速发展，成为人们生活必不可少的一部分

截至2019年6月，我国手机网络购物、手机网络支付、手机网络音乐、手机网络游戏、手机网络文学的网民使用率均已超过50%，而手机网上订外卖的网民使用率由2018年年底的48.6%提升至49.3%。尽管手机在线教育课程的网民使用率相比其他较低，但2020年受新冠肺炎疫情影响，全国学校“停课不停学”，这极大地推动了手机在线教育的应用。如今运用手机进行各类电子商务活动已成为人们的一种普遍生活方式（如表6－1所示）。

表6－1　2018年12月—2019年6月手机网民各类手机互联网应用的用户规模及使用率

应用	2019年6月		2018年12月		半年增长率（%）
	用户规模（万）	网民使用率（%）	用户规模（万）	网民使用率（%）	
手机网络购物	62181	73.4	59191	72.5	5.1
手机网络支付	62127	73.4	58339	71.4	6.5
手机网络音乐	58497	69.1	55296	67.7	5.8
手机网络游戏	46756	55.2	45879	56.2	1.9
手机网络文学	43544	51.4	41071	50.2	6.2
手机网上订外卖	41744	49.3	39708	48.6	5.1
手机在线教育课程	19946	23.6	19416	23.8	2.7

3. 短视频、在线直播成为移动电商发展新方向

随着电商的深入发展，各大电商平台都在不断地探索电商营销新模式。短视频、

① 资料来源：第44次《中国互联网络发展状况统计报告》。

直播带货是近两年发展起来的新兴营销方式，受到全网追捧，取得了骄人的成绩。2019年“6·18”期间，淘宝直播带动商品销售130亿元，开播商家数同比增长近120%，开播场次同比增长150%。[①] 根据艾媒咨询数据显示，88.5%的受访直播电商用户表示直播方式能强烈刺激他们的消费欲望，约3成直播电商受访用户称每周会观看直播4~6次，直播带货俨然已渗透到人们的日常生活中。艾瑞网预测，2019年中国内地直播市场规模达4338亿元，到2021年将创造万亿级规模的市场。碎片化、精细化的短视频内容与即时互动的直播方式相结合，不断探索“短视频+直播”的新运营模式，成为移动电商发展的新方向。

4. **社区拼团发展迅速，用户使用度高**

随着移动电子商务的发展，用户规模的红利触及天花板，各大电商平台纷纷注重产品社交化布局，拼购、社区拼团等发展迅速。如2019年1月，淘宝通过菜鸟驿站建立拼团站点，发挥菜鸟驿站的天然优势，抓住社区消费场景的重点进入社区拼团领域。同月，苏小团App上线，通过便利店和App实现1小时配送服务，进入社区团购竞赛。艾媒咨询数据显示，有社区拼团经历的用户，会较为频繁地参与社区拼团。超6成的受访用户每周都会参与社区拼团，其中27.6%的受访用户每周会参与1~3次（如图6-1所示），超4成的用户称优惠的价格是吸引他们参与拼团的理由，超过一半的用户表示对社区团购带来的优惠是比较满意的。

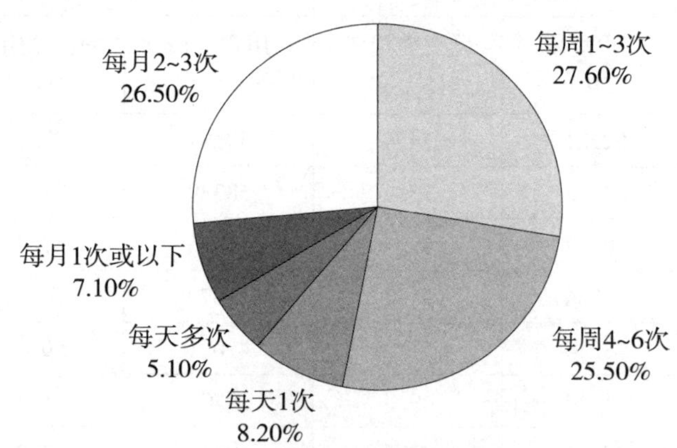

图6-1 2019年上半年中国社区拼团用户参与社区拼团频次调查

资料来源：艾媒网，https://www.iimedia.cn/c1020/65755.html。

① 资料来源：第44次《中国互联网络发展状况统计报告》。

5. 技术创新是推动移动电商发展的强大动力

移动电子商务是电子商务发展到一定阶段的必然产物，与移动通信技术、智能终端的发展密不可分。目前智能终端的研发日新月异，更新迭代非常快，屏幕更大，网速也更快，性能不断提升，这些都提升了移动电商的体验效果，为移动电商的发展奠定了良好的物理基础。随着5G移动技术的使用，移动电商的使用场景和涵盖内容将会更丰富，体验效果更佳。

三、“互联网+”、互联网思维与互联网经济

随着网络信息技术的不断创新突破，网络化、数字化、智能化深入发展，互联网在经济社会发展中的作用愈发突出。百度公司创始人李彦宏最早提出“互联网思维”一词，他说，企业家们今后要有互联网思维，可能你从事的行业不是互联网，但你的思维方式要逐渐从互联网的角度去想问题。随后这种观念被越来越多的企业家以及各行各业所认可。虽然不同的专家、学者、企业家对互联网思维有不同的解读，但其核心是在互联网、大数据、云计算等科技不断发展的背景下，对市场、产品、用户、企业价值链乃至整个商业生态进行重新审视的思考方式。

互联网思维的六大特征：大数据、零距离、趋透明、慧分享、便操作、惠众生。“以用户为中心”是互联网思维中最重要的思维方式，要紧抓大众化需求，提高用户参与度，注重用户的体验，在开放、共享、共赢的理念下，打造平等、开放的多方共赢生态圈。

“互联网+”是指利用互联网平台、信息通信技术将互联网的创新成果深度融合于经济社会各领域中，提升实体经济的创新力和生产力，形成更广泛的以互联网为基础设施和实现工具的经济发展新形态。通俗地说就是“互联网+各个传统行业”，但又不是简单的两者相加，而是利用信息通信技术以及互联网平台，让互联网与传统行业深度融合，创造新的发展生态。

2015年3月5日，李克强总理在政府工作报告中首次提出“互联网+”行动计划，指出制订“互联网+”行动计划，推动移动互联网、云计算、大数据、物联网等与现代制造业结合，促进电子商务、工业互联网和互联网金融健康发展，引导互联网企业拓展国际市场。如今，互联网金融、“互联网+工业”“互联网+农业”“互联网+交通”“互联网+医疗”“互联网+教育”等模式不断推陈出新，引领互联网时代经济社会发展。

互联网经济是基于互联网所产生的经济活动的总和，主要包括电子商务、互联网金融、即时通信、搜索引擎、网络游戏五大类型。但随着“互联网+”的不断落地推进，将产生更多的新兴的互联网经济业态。

互联网思维是互联网时代最根本的商业思维模式，“互联网+”是互联网思维模式的实践成果，推动大众创新，产生更多新的经济形态，进而丰富和完善互联网经济，推动社会经济的创新可持续发展。

课后拓展

自测共5题，学生通过自测了解自己对于知识的掌握情况并进行巩固。

1. 移动电商的本质是（　　）。答案：B

A. 网络技术　B. 电子商务　C. 通信技术　D. 无线通信

2. 下列不属于移动电商特点的是（　　）。答案：A

A. 趣味性　B. 便捷性　C. 个性化服务　D. 易身份认证

3. 互联网思维一词最早由（　　）提出。答案：C

A. 马云　B. 马化腾　C. 李彦宏　D. 刘强东

4. （　　）是互联网思维中最重要的思维方式。答案：C

A. 便操作　B. 慧分享　C. 以用户为中心　D. 趋透明

5. 促进我国移动电商快速发展的因素不包括（　　）。答案：B

A. 互联网普及率高　B. 移动电商成为人们生活的一部分

C. 提速降费　D. 智能设备的更新、应用

任务二　移动电商热门 App 介绍

打开你的手机，是不是有各种各样的移动电商 App 呈现在你面前呢？典型的有手机淘宝、京东、唯品会、拼多多、云集、贝店、闲鱼、转转等，不一而足。该任务介绍常见的移动电商 App——手机淘宝、拼多多、云集，重点介绍其平台，突出其优势与劣势，让学生整体了解这些移动电商 App，为灵活运用打下坚实的理论基础。

课前自学

学生自学本任务课中的知识内容，并通过互联网收集资料，以小组形式进行如下问题讨论。

（1）比较手机淘宝、拼多多、云集三个热门 App（可从定位、用户规模、商品特色、优势与劣势等方面思考）。

（2）手机淘宝、拼多多、云集，你更倾向于使用哪个平台？为什么？

课中讲解

案例导入

拼多多的逆袭，起始于田间地头

过去几个月，拼多多农业农村研究院常务副院长狄拉克奔走四方，从海南澄迈县到云南省红河州建水县、河口县，辗转飞机、高铁、汽车等进过农产区、待过贫困县。

他和拼多多要修复断裂的农货销售链条，这个中国第三大电商平台，每天销售 4 吨地瓜、1000 多单无花果，1 小时卖出 5000 斤紫皮洋葱……

“新物种将会以和从前完全不同的样子，在新的土壤中孕育和生长”，拼多多创始人黄峥这样谈及疫情的思考。农产品电商就是一个“新物种”，它越过线下层层买办，使水果蔬菜从田间地头直接上了餐桌，还成了一桩价值千亿元的大买卖，2019 年，拼多多售出货值超过 1300 亿元的农副产品，串联起 1200 万农户。

拼多多 2020 年 4 月 21 日发布的数据显示，2020 年第 1 季度，农村网店在拼多多上卖出的农产品订单数超过 10 亿笔，同比增长 184%。2020 年前 3 个月，在拼多多平台上，单品销量超过 10 万元的农（副）产品达到 1030 款，接近 2019 年全年近 7 成水平。

2015 年拼多多创立时，便是从刚需、高频的生鲜与农产品类目起步的，这个品类鲜明体现了其运营的逻辑和策略的取舍，也隐含了这个生猛平台进化的线索。

“朋友说不错，又不贵，买一袋试试”是拼多多爆款的底层消费逻辑，狄拉克告诉“21CBR”（21 世纪商业评论），打通农产品的底层逻辑，主要有两条。

第一，降低流量成本。依靠社交裂变获取流量，且流量按照品类、品质和性价比的优先级分配，而搜索型电商往往需要用户有自主需求，且产品多以竞价排名的方式安排产品的先后展示顺序，这大大压制了低货值农产品的露出。

第二，提高库存周转。农产品货架期非常短，要尽快卖出去。买家以“拼购”模式将农产品推荐给社交链上的好友，本来好友没有的购买需求，可能会被刺激出来，一个单品可以迅速拼成“万人团”，短时间内聚焦分散的需求，提升农产品的销售效率。

这种逻辑实践的效果是惊人的。2019 年，拼多多农产品及农副产品订单总额达 1364 亿元，同比增长 109%，农产品交易的体量，撑起平台全年 GMV（Gross Merchandise Volume，网站成交金额）的 1/10。

拼多多自夸，其成功将“中国农业生产与需求离散化的劣势转变为优势”。

（案例来源：百家号，《拼多多的逆袭，起始于田间地头》，https：//baijiahao.baidu.com/s？id=1666756694737267223&wfr=spider&for=pc，节选）

案例思考

结合案例，分析拼多多较其他移动电商的优势是什么。

一、手机淘宝

手机淘宝是淘宝网官方出品的手机应用软件，其包括旗下团购产品天猫、聚划算、淘宝商城等，具有搜索比价、订单查询、购买、直播、收藏、管理、导航等功能。依托淘宝网的深厚行业积淀，手机淘宝在产品覆盖、支付交易、用户规模等方面奠定了良好的用户基础，一直是手机购物的热门 App，首页如图 6－2 所示。

1. 手机淘宝的优点

（1）品类齐全，产品丰富。淘宝网是我国最大的综合性网络购物平台，手机淘宝涵盖女装、男装、鞋靴、箱包、饰品、美妆、数码、电器、生鲜、食品、医药、家装、百货等，满足消费者随时随地，想淘就淘的购物需求，手机淘宝的商品分类如图 6－3 所示。

（2）生活类产品优势突出。尽管手机淘宝上品类丰富，但对于消费者来说，更吸引他们的可能还是女装、男装、鞋靴、箱包、饰品等生活化产品，该类产品淘宝上种类更丰富，更易满足消费者的多样化选择。

图6－2　手机淘宝首页

图6－3　商品分类

(3) 价格优势明显，易吸引消费者。淘宝上商品的价格定位呈现出明显的差异化，即使同样的商品，不同的品牌、不同的生产厂家，其价格差异也很大。对于价格敏感性消费者，产品的价格是其关注的首要因素，手机淘宝无疑是其购物的首选。

(4) 拍立淘，手机拍照就能淘。手机淘宝在首页设有“拍立淘”的功能，用户点击左上角的“扫一扫”标识（如图6-4所示），进入后选择“拍立淘”，拍下想了解购买的商品（如图6-5所示），页面就会显示出类似的商品（如图6-6所示），然后可按上面的标签或用搜索功能进一步筛选出合适的商品。该功能极大地满足了消费者在看到心仪产品时，想要立即了解、购买的需求。

图6-4 拍立淘的入口

图 6－5　拍立淘功能

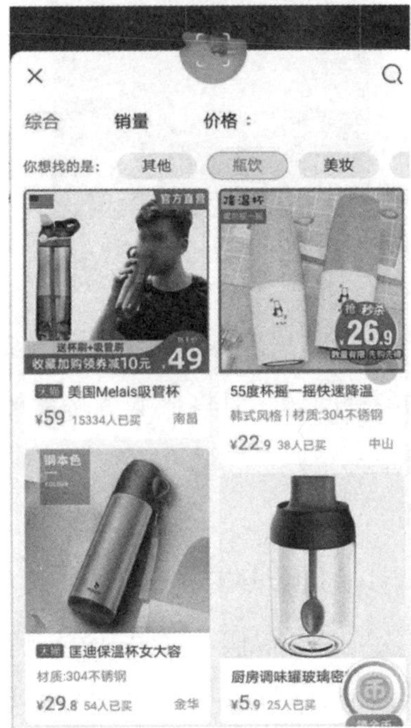

图 6－6　拍立淘的扫描结果

（5）淘宝直播引领移动电商新发展。手机淘宝的“淘宝直播”功能，能让消费者边看直播边购买商品，通过与主播的互动（如图6-7所示），更加具体地了解商品，比单纯地看图片、文字更具冲击力，购物体验更好。淘宝直播自2016年3月试运营以来，观看直播内容的移动用户超过千万人，主播数量超1000人。2020年受新冠肺炎疫情影响，全国经济受损严重，淘宝直播跨界转身，与各行各业相结合，实现在线云复工，覆盖面已从消费类产品服饰、母婴、美妆、美食延伸至房地产、汽车行业、生产制造业、书店、理发店、音乐酒吧等。

图6-7　某手机淘宝直播

（6）客服在线，服务态度、质量等体验较好。淘宝店铺的客服基本上24小时在线，能实时解决消费者的各种问题。且客服服务态度较好，回复及时，能积极解决问题，售前、售后服务质量都很好。

2. 手机淘宝的缺点

（1）产品同质化严重，且质量参差不齐。目前，手机淘宝上的店铺数以万计，商品质量参差不齐，不乏以次充好、以假乱真的现象，消费者在购物时要注意筛选。

（2）平台内商家众多，同类商品的商家为了吸引消费者，出现“刷单”“刷好评”等虚假行为，导致消费者依靠交易量、评价来衡量商品质量，也会出现误差，影响消费体验。

（3）淘宝没有自己的物流，不同的淘宝店铺合作的物流公司也不一样，导致物流速度存在变数，不像京东拥有自己的物流，能够实现当日或次日到达。

二、拼多多

拼多多于2015年9月上线（首页如图6－8所示），它有别于手机淘宝、京东、唯品会等老牌移动电商平台，是一家专注于C2B拼团的第三方社交电商平台。用户通过发起和朋友、家人、邻居等的拼团，以更低的价格拼团购买商品。旨在凝聚更多人的力量，用更低的价格买到更好的商品，体会更多的实惠和乐趣。

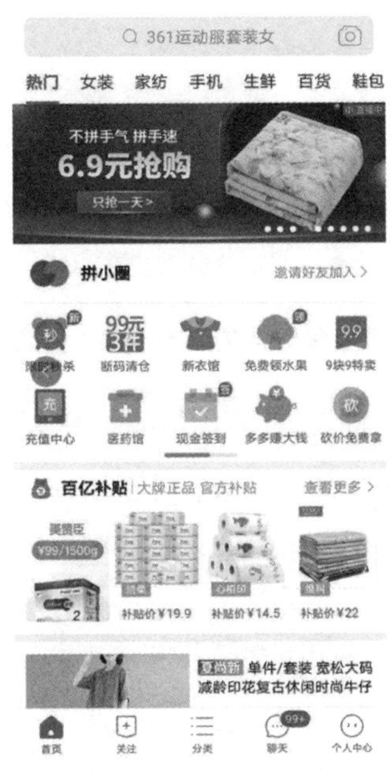

图6－8　拼多多首页

拼多多自上线以来，迅速发展成为主流的手机购物App。截至2019年，平台汇聚有5.852亿年度活跃买家和510多万活跃商户，平台年交易额突破万亿元大关，达10066亿元人民币，迅速发展成为中国第二大电商平台。[①] 2019年9月，拼多多月活用户人数约5.363亿人，仅次于手机淘宝，拼多多月活用户人数、市场份额均为行业第2名。

1. 拼多多的优点

（1）在拼多多App首页，“秒杀”“清仓”“特卖”等标签格外显眼（如图6－

① 资料来源：拼多多官网。

9 所示)，它以拼团为基础进行社交网购，以“拼着买，才便宜”为号召，主打超低价格，以高性价比吸引用户，因此拼多多的最大优点就是价格低廉。

图 6-9　拼多多首页的“秒杀”“清仓”“特卖”

(2) 拼多多以“社交+电商”的模式运营，依靠 QQ、微信的社交群体，通过拼团、砍价、抢红包、助力等游戏式玩法，丰富用户的社交场景，让用户的社交体验更丰富，更有趣（如图 6-10、图 6-11 所示）。

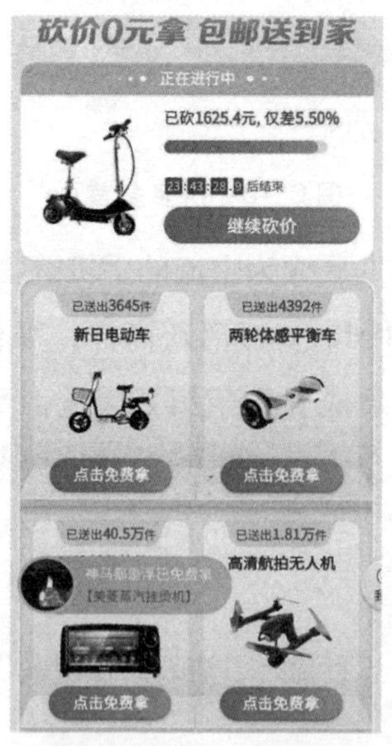

图 6-10　砍价 0 元拿

图 6－11　某产品砍价免费拿

2. **拼多多的缺点**

拼多多以高性价比抢占了电商购物市场份额，但同时低廉、山寨、假冒伪劣等标签也成为束缚拼多多发展的重要影响因素。拼多多在成立之初，将用户群体锁定在一、二线城市以外，该群体用户时间较充裕、社交范围相对狭窄，对品牌认知度有限，更看重商品价格。因此拼多多聚焦下沉市场，联合低端供应链，紧紧抓住该群体消费痛点，以价格低廉取胜，迅速获取用户流量。但是这种运营策略使得平台上的商品更注重价格，忽略质量，整个平台上假货、残次品横行，严重影响用户的消费体验，也制约着拼多多的发展。

如今，拼多多通过打击假冒伪劣、上线品牌馆等途径积极重塑平台形象，努力摆脱“山寨”标签。

三、云集

云集 App 于 2015 年 5 月 20 日正式上线（首页如图 6－12 所示），是一家由社交驱动的精品会员电商平台，通过“精选”策略，为注册会员提供覆盖美妆个护、手机数码、母婴玩具、水果生鲜、服饰家居等全品类精选商品。云集于 2019 年 5 月 3 日正式在美国纳斯达克挂牌上市，成为继拼多多之后又一在美上市的社交电商公司，被誉为“中国会员电商赴美第一股”。

图6－12　云集首页

云集采用会员注册制，即开设个人云集微店，需要寻找身边的云集店主，让其邀请才可注册加入，如图6－13、图6－14 所示。

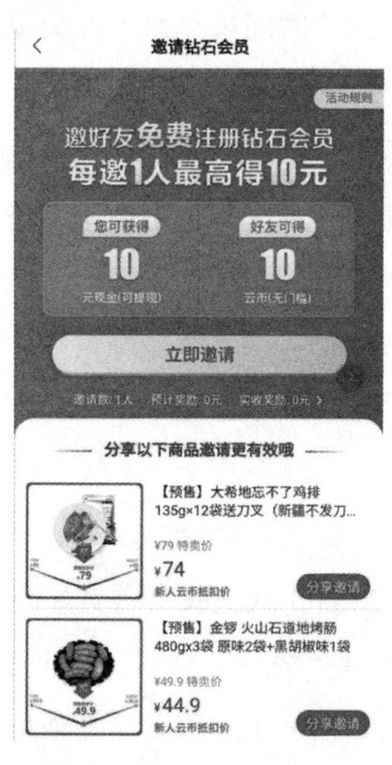

图6－13　云集会员邀请

图6－14　会员注册

成为云集会员后，购买平台商品可享受平台返利，如果将该商品分享他人，其下单后自己也可获得利润。

1. 云集的优点

（1）官方直采全球精品，杜绝中间商加价。云集采用S2B2C的会员电商模式，即强大的供应链平台（Supplier，简写S）与直接服务客户的个人店主（Business，简写B）共同服务客户（Consumer，简写C）的运营模式。该模式取消了中间商，云集与品牌方、源头工厂直接合作，通过“官方自营＋品牌商直供”的模式，实现了会员以低价购买正品，缩短了货源和用户之间的距离，传统价值链与云集价值链对比如图6－15所示。

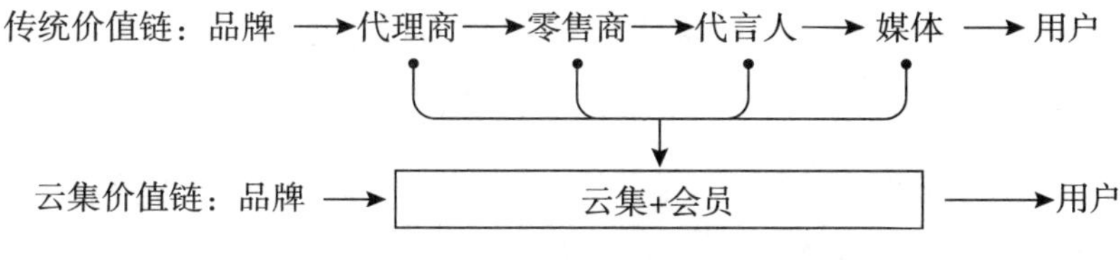

图6－15　传统价值链与云集价值链对比

（2）采用会员社交分享，平台返利机制。云集将大部分商品利润返还给会员，会员以低价购买商品，同时又可获利。云集会员不仅自购，还通过微信、QQ等将平台及平台商品分享给亲朋好友。这种方式不仅刺激云集会员消费，也增强了云集平台的议价能力，进而为会员省下更多的钱。

（3）主打精品商品。云集商品均为官方精选、品牌直供的全球热卖一线品牌商品或质量好价格低的口碑商品，以及云集“品质500”认证商品、百县千品农产品，商品质量有保证。

2. 云集的缺点

（1）云集采用会员模式，会员是平台参与和增长的核心。2016—2019 年，云集会员人数从 90 万人迅速增长至 2320 万人，但当下云集会员业务增长进入瓶颈，如何吸引新会员、有效保持会员关系、增强用户黏性是云集亟待解决的问题。

（2）云集具有部分高性价比商品，用以吸引用户，实现引流，但利润薄弱，平台靠主推高毛利商品来获利，为店主提供持续的高销售佣金。而高毛利商品大多为云集极力推广的自有品牌，这些对于消费者来说吸引力有限。如何平衡店主、消费者、平台之间的利益，还需要云集不断探索。

（3）云集通过微信、QQ 等社交体系传播，口碑是关键。但 2017 年云集曾因触碰“传销”禁区，被浙江省工商总局依法罚没 9584106 元，这成为影响云集社交传播的重要负面因素。

课后拓展

扫描右侧二维码，阅读《淘宝、京东、拼多多、唯品会位列四强》，了解我国电商市场格局。

任务三　体验移动电商——手机购物及应用

截至 2019 年 6 月，我国手机网络购物用户规模达 6.22 亿人，较 2018 年增长 2989 万人，占手机网民 73.4%①，手机网络购物已成为主流的网物方式。该任务以拼多多为例讲述手机购物，以手机淘宝个人店铺开通为例讲述移动网店的开设流程，让学生体验移动购物，了解移动网店的开设。

① 资料来源：第 44 次《中国互联网络发展状况统计报告》。

课前自学

学生自学本任务课中的知识内容，并完成下列任务。

（1）下载拼多多 App，体验拼多多的购物流程。

（2）注册淘宝账号，开设手机淘宝个人店铺，掌握移动网店的开设流程。

课中讲解

案例导入

极光大数据发布了《2019 年 Q1 移动互联网行业数据研究报告》。报告显示 2019 年第 1 季度，在移动互联网增长红利已基本消失的背景下，电商行业呈现上升趋势，综合电商渗透率达 69.4%。

截至 2019 年第 1 季度，新电商平台拼多多的新增用户中有 44.2% 来自二线及以上城市，且呈持续上升趋势。拼多多对淘宝用户的渗透率也在提升，从 2018 年同期的 28.3% 上升到了 40.1%。报告称，这组数据意味着，“每 10 个手机淘宝用户有 4 个装有拼多多”。

数据显示，2019 年第 1 季度，电商 App 渗透率达 69.4%，行业 DAU 均值 2.49 亿人，均达到了统计周期内的最高值。其中，手机淘宝和拼多多是用户使用最多的购物 App。2019 年 3 月，手机淘宝和拼多多的渗透率及 DAU 均值均分列综合电商的前 2 名，用户使用时长数据也证明了这一点。根据报告，2019 年第 1 季度移动网民更喜欢“买买买”，在购物上投入了更大比例时长，从 3.3% 上升到了 4.3%。

极光大数据分析认为，增长原因在于“电商巨头推动行业整体增长”。此前，拼多多创始人黄峥在公开信中曾透露，2018 年全社会每产生 5 个包裹，至少有 1 个来自拼多多。2019 年 4 月 24 日，拼多多发布的首份年报显示，2018 年度，拼多多活跃买家数已经达到 4.185 亿人，较 2017 年同期劲增 1.737 亿人，同比增长 71%。（案例来源：大众网，《手机淘宝和拼多多是用户使用最多的购物 App》，https://www.dzwww.com/xinwen/shehuixinwen/201905/t20190510_18709480.htm，整理、有改编）

案例思考

体验拼多多、手机淘宝购物，试着分析两者为什么能够成为用户使用最多的购物 App。

一、体验手机购物

下面以拼多多为例来介绍手机购物流程，如图 6－16 所示。

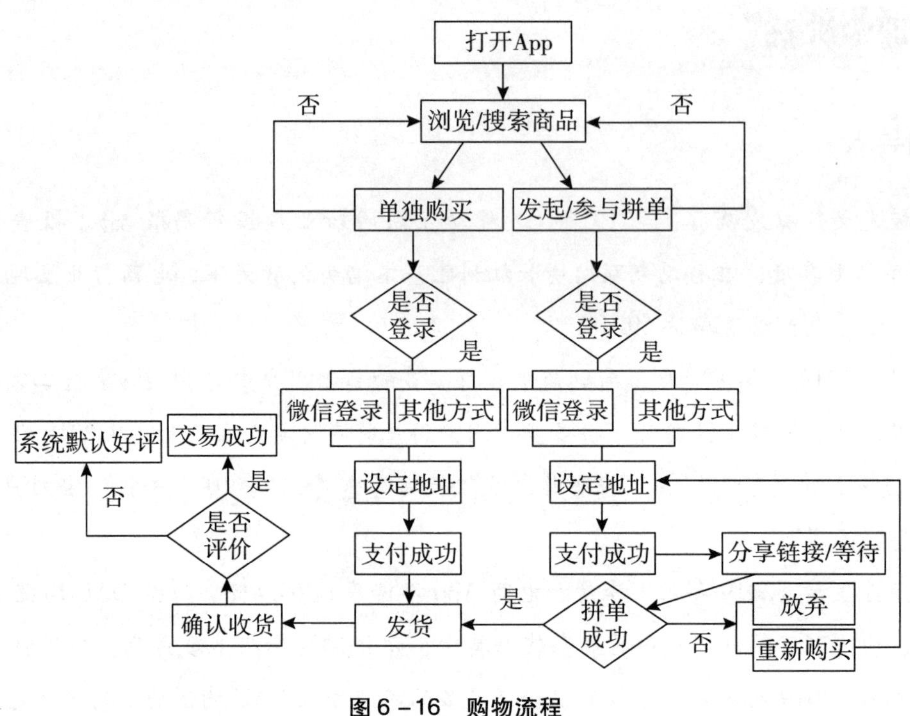

图 6－16　购物流程

1. 浏览/搜索商品

买家进入拼多多 App 后，可通过界面内的导航自行浏览，筛选自己想买的商品，也可在搜索框内直接输入商品名称或店铺名称，点击“搜索”，根据搜索结果再自行筛选，如图 6－17、图 6－18 所示。同时，拼多多还支持“拍照搜同款”。

2. 购买商品

买家在看到感兴趣的商品时，可先联系客服沟通，进一步了解商品详情，如发货地点、发货时间、发货快递、是否为正品等。选择好所要购买的商品后，买家可单独购买，也可去拼单，还可主动发起拼单，如图 6－19 所示。单独购买价格会较高，拼单价格更低廉。这是拼多多与淘宝、京东、唯品会等购买方式的最大不同。

图 6－17　首页的导航栏

妈妈裙裤套装　搜索
最近搜索
大码女装套装夏　酸辣粉　雪媚娘甜品
更多搜索方式
搜索店铺　拍照搜同款
搜索发现
酸辣粉大桶　酸辣无骨鸡爪　毛巾卷蛋糕
酸辣粉桶装　网红呼啦圈　营养酸奶麦片
钓鱼望远镜　瑜伽工具

图 6－18　搜索

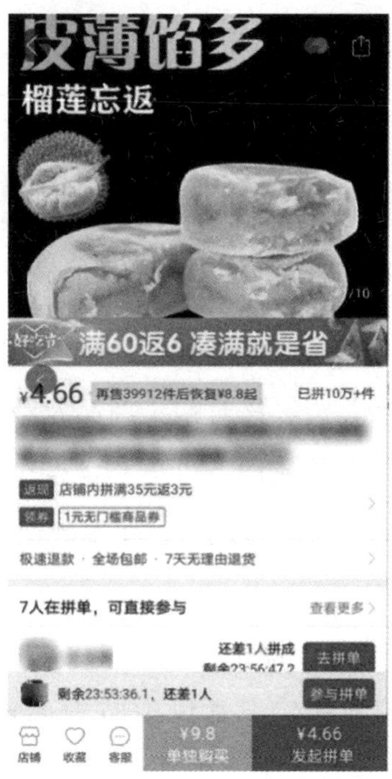

图 6－19　某商品购买页面

3. 登录，填写收货地址

对于拼多多新用户，无论是单独购买或发起、参与拼单后，都必须要登录账号，登录方式有微信、QQ、手机号，登录后填写收货地址，如图6－20所示；若是老用户直接跳转至支付页面。

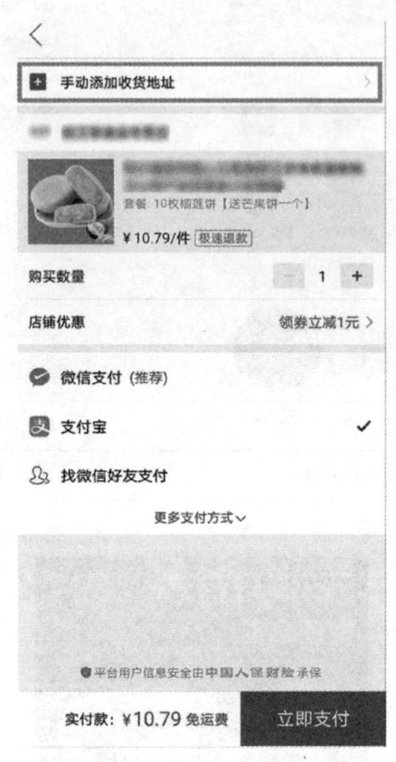

图6－20　添加收货地址

4. 支付，等待拼单成功

完成收货地址填写确认后，买家核对购买商品及数量，选择适合自己的付款方式下单支付。完成支付后等待拼单成功，可分享链接，邀请更多好友参与拼单，如图6－21所示。若在规定时间内拼单未成功，将发起退款。

5. 收货，并评价

买家收到商品后，可点击立即评价对卖家服务做出评价。如果买家对商品很不满意，可申请售后退货或者换货，具体细节方面可与卖家联系，如图6－22所示。

图 6－21　拼多多某商品支付后待拼单

图 6－22　拼多多某商品评价

二、移动电商网店开设流程

下面以手机淘宝个人店铺注册为例，介绍移动电商网店开设流程。

步骤 1：在手机淘宝 App 登录个人的淘宝账号，点击右下角“我的淘宝”，在页面显示的工具区域左滑，选择“更多”，如图 6－23 所示。

图6－23　手机淘宝“我的淘宝”

步骤2：进入“频道广场”，在“全部工具”区域向左滑动，选择“免费开店”，如图6－24所示。

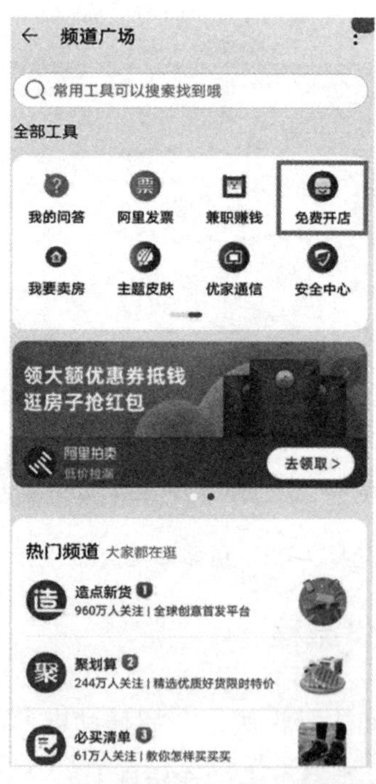

图6－24　手机淘宝“免费开店”的入口

步骤3：确认开店账号。页面显示出自己的个人淘宝账号、支付宝账号，可用该账号免费开店，如图6－25所示。

图6－25　确认开店账号

步骤4：开店认证。需要进行支付宝实名认证和阿里实人认证，分别点击“去认证”，按照操作提示完成即可，如图6－26所示。注意可提前准备好个人身份证、银行卡等。

图6－26　开店认证

步骤5：填写店铺信息。主要是为店铺起名，要求最长不超过20个字，避免出现特殊符号，如图6－27所示。

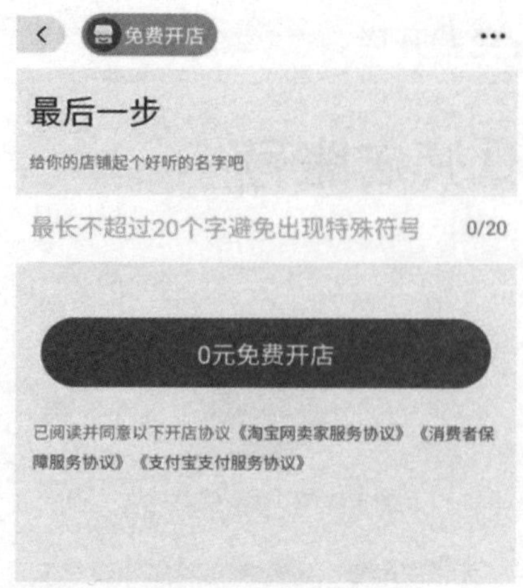

图6－27　填写店铺信息

经过上述步骤后，就完成了手机淘宝店铺的开通（如图6－28所示），卖家可登录淘宝PC端，在千牛卖家工作台进行后续的店铺装修。

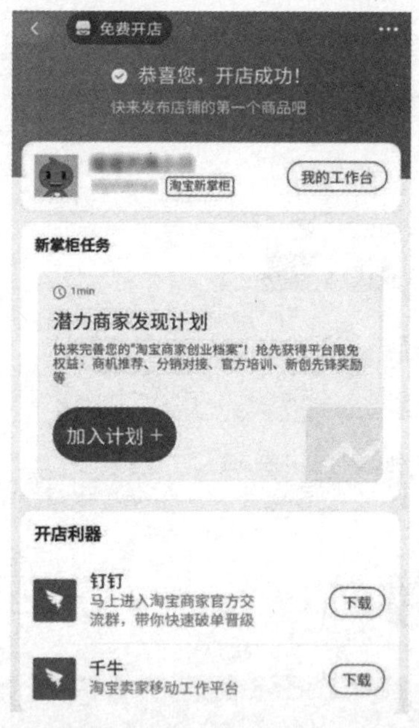

图6－28　开店成功

课后拓展

扫描右侧二维码，阅读《电商营业执照申请》，了解我国电商营业执照申请的相关内容。

项目小结

本项目围绕移动电商这一主题，从移动电商的概念、特征、发展现状等让学生认知移动电商；以手机淘宝、拼多多、云集为例介绍热门移动电商 App，让学生了解其优势与劣势，灵活应用；从拼多多的购物流程以及手机淘宝网店的开通让学生体验移动电商的应用。

课程思政

2015 年，我国提出“互联网 +”行动计划，“互联网 +”带动农业产业升级，为转变我国农业发展方式提供了新路径、新方法，推动了我国农业的现代化、信息化发展。为落实“互联网 + 农业”落地，国家陆续出台了一系列促进农村电子商务发展、加快农村电子商务市场建设的扶持政策。

2015 年 5 月，国务院印发《关于大力发展电子商务加快培育经济新动力的意见》，提出积极发展农村电子商务。

2015 年 7 月，国务院出台《关于积极推进“互联网 +”行动的指导意见》，提出了关于创业创新和现代农业等在内 11 项重点行动。

2015 年 11 月，国务院办公厅发布《关于促进农村电子商务加快发展的指导意见》意见提出，到 2020 年，初步建成统一开放、竞争有序、诚信守法、安全可靠、绿色环保的农村电子商务市场体系。同时，在政策措施方面，意见提出加强政策扶持。

2016 年 4 月，农业部、国家发展和改革委员会等 8 部门联合印发了《“互联网 +”现代农业三年行动实施方案》，提出在经营方面，重点推进农业电子商务；在服务方面，重点强调以互联网运用推进涉农信息综合服务，加快推进信息进村入户；在农业农村方面，加强新型职业农民培育、新农村建设，大力推动网络、物流等基础设施建设。

2017 年，农业农村部印发《关于组织开展农业特色互联网小镇建设试点工作的通知》，力争在2020年试点结束以前，原则上以县（市、区）或垦区为单位，在全国建设、运营100个农业特色优势明显、产业基础好、发展潜力大、带动能力强的农业特色互联网小镇。

2018年11月，工业和信息化部、国务院扶贫办联合印发《关于持续加大网络精准扶贫工作力度的通知》，支持基础电信企业对建档立卡贫困户开展精准降费，帮助贫困群众利用互联网走上脱贫致富道路，充分享受互联网发展带来的红利。

2019年中央一号文件《中共中央　国务院关于坚持农业农村优先发展做好“三农”工作的若干意见》强调，发展壮大乡村产业，拓宽农民增收渠道，需要实施数字乡村战略。深入推进“互联网+农业”，扩大农业物联网示范应用。推进重要农产品全产业链大数据建设，加强国家数字农业农村系统建设。继续开展电子商务进农村综合示范，实施“互联网+”农产品出村进城工程。全面推进信息进村入户，依托“互联网+”推动公共服务向农村延伸。

2020年5月6日，农业农村部为贯彻落实《关于实施“互联网+”农产品出村进城工程的指导意见》部署要求，农业农村部决定开展“互联网+”农产品出村进城工程试点工作，并制定了“互联网+”农产品出村进城工程试点工作方案。

一系列国家政策扶持，促进了“互联网+农业”落地，并吸引无数创业者掘金“互联网+农业”领域，探索“互联网+农业”的发展新模式，短视频营销、直播带货、社交电商等新型电商模式助力农村精准扶贫，促进乡村经济振兴，推动农村电子商务持续发展。

参考文献

［1］许应楠. 电子商务基础与实务［M］. 北京：高等教育出版社，2018.

［2］白东蕊，岳云康. 电子商务概论［M］. 4 版. 北京：人民邮电出版社，2019.

［3］胡斌. 电子商务概论［M］. 2 版. 北京：人民邮电出版社，2019.

［4］商玮，童红斌. 电子商务基础［M］. 北京：电子工业出版社，2018.

［5］刘桓，高志坚. 电子商务基础与应用［M］. 北京：人民邮电出版社，2017.

［6］中国青年网官网：http：//www. youth. cn/.

［7］网经社官网：https：//www. 100ec. cn/.

［8］网贷天眼官网：https：//www. p2peye. com/.

［9］艾瑞咨询官网：https：//www. iresearch. com. cn/.

［10］虎嗅网官网：https：//www. huxiu. com/.

［11］36 氪官网：https：//36kr. com/.

参考文献

[illegible]